Alexandru Bidian
Sokrates oder das Schicksal des Lebens

Literatur in der Diskussion
Band 7

Alexandru Bidian

Sokrates oder das Schicksal des Lebens

Centaurus Verlag & Media UG

Zum Autor:
Augustin Alexandru Bidian wurde 1930 in Sibiu, Rumänien, geboren. Schon als Gymnasiast kam er in Kontakt mit der griechischen Philosophie und mit den ideologischen und religiösen Diskussionen der Zeit. Trotz Gefängnis, Studium- und Arbeitsverbot gelang es ihm schließlich den Doktorgrad der orthodoxen Theologie zu erlangen und einige seiner literarischen Texte zu veröffentlichen. 1975 flüchtete er aus Rumänien und kam nach Deutschland. In Mainz machte er den Doktor der Philosophie, mit einer Arbeit über das Negative. An der Mainzer Universität blieb er bis 1994 als Dozent tätig und setzte, jetzt in Freiheit, in der rumänischen und deutscher Sprache seine schriftstellerische Tätigkeit fort.

Bibliografische Informationen der Deutschen Nationalbibliothek
Die Deutsche Nationalbibliothek verzeichnet diese Publikation in der Deutschen Nationalbibliografie; detaillierte bibliografische Daten sind im Internet über http://dnb.d-nb.de abrufbar.

ISBN 978-3-86226-203-8   ISBN 978-3-86226-904-4 (eBook)
DOI 10.1007/978-3-86226-904-4

ISSN 0947-5672

Gedruckt auf säurefreiem und chlorfrei gebleichtem Papier.

© *CENTAURUS Verlag & Media KG, Freiburg 2012*
www.centaurus-verlag.de

Umschlagabbildung: Alexandra und Augustin Alexandru Bidian
Umschlaggestaltung: Jasmin Morgenthaler, Visuelle Kommunikation
Satz: Vorlage des Autors

Inhalt

Akt 1

(Eine große, helle, steinerne Zelle im Gefängnis von Athen neben dem Gerichtsgebäude. Es ist Morgen. Die Sonne strahlt durch die kleinen Kerkerfenster. In einer Ecke steht ein einfaches Bett. Sokrates sitzt im Schneidersitz darauf. Er meditiert. Hinter der Zelle steht ein Männer-, Frauen- und Kinderchor. Man hört nur die Stimmen. Der Chor spiegelt die Meinung der Bürger wider.)

Sokrates: *(Fixiert unbewegt die Sonnenstrahlen, die durch ein kleines vergittertes Fenster den Boden der Zelle anstrahlen. Mit ruhiger, klarer Stimme spricht er, wie oft, zu sich selbst):*
- Nun, dies sind die letzten Morgenstrahlen meines Lebens. Sie ermöglichen meinen Augen noch einmal diese scheinbar bekannte, man kann sogar sagen, schöne Welt zu sehen. *(Pause)*

Chor: *(Alle)*
- Schön ist die Welt, schön ist das Leben! *(Mehrmals)* Das schönste Leben ist hier in Athen! *(Mehrmals)* Nirgends ist die Welt so schön wie hier. Im Athen von Perikles, im Athen der Demokratie! Hier sind wir freie Bürger! Wir sind unsere eigenen Herren! Schön ist das Leben, schön ist die Welt! Nur in Athen! *(Lange Wiederholungen)*

Sokrates: *(Hört aufmerksam zu):*
- Meinen sie. Sie selbst machen jedoch eine Einschränkung, „nur in Athen". Ist es tatsächlich so? Oder, sieht es nur so aus? *(Pause)* Aber was heißt eine schöne Welt? Was heißt ein schönes Leben? Stellen sie sich diese Fragen? *(Pause)* Was sind denn die inneren politischen Kämpfe, Intrigen? Was die tausend Sklaven, Tagelöhner, Taugenichtse und Schmarotzer, die aus der Stadtkasse leben? Die Elendsviertel voller Dreck und Ungeziefer am Rande Athens? Sieht man das alles nicht?! *(Pause)* Scheinbar wollen sie nur das Schöne sehen. Ohne darüber nachzudenken *(Pause)*

7

Denn, indem das Gesehene in den Horizont des Denkens rückt, entstehen Fragen; dadurch trübt sich das scheinbar Erkannte. Und die Freude auch. *(Längere Pause)* Ja! Freude! Sehen! Leben! Und wenn Leben, dann doch auch den Anfang und das Ende des Lebens! Was heißen eigentlich alle diese Wörter? *(Pause)*

Chor: *(Alle)*

- Athen ist schön! Die Demokratie ist wieder da! Die dreißig Tyrannen wie ein böser Traum verschwunden! Genießen wir die Freiheit! Genießen wir das Leben! *(Mehrmals)* Das schöne Leben in Athen!

Sokrates:

- Noch mehr Wörter: Demokratie! Freiheit! Genießen! *(Pause)* Schöne, wichtige Wörter. Lebenslang haben sie mich beschäftigt. Wie die Menschen dort draußen, wusste ich am Anfang nicht, was sie eigentlich bedeuten. Dann fing ich an, Fragen zu stellen. *(Pause)* Fragen und wieder neue Fragen ... und erfuhr ... ja, ich erfuhr eine andere Welt, eine viel, viel größere. Eine hellere, aber ... auch sie war noch voller Fragen.

Chor:

- Unsere Welt ist schön; nicht groß ... aber klar, durchschaubar, ... nah, zum Anfassen! Eine von uns selbst geschaffene, eine in der wir die Herren sind, wo wir Freude am Leben haben! Schön ist das Leben, die Welt, in Athen! *(Mehrmals)*

Sokrates:

- Einerseits haben sie Recht. Im Vergleich mit den anderen griechischen Städten ist Athen ein Juwel. Verglichen mit den Städten von Barbaren ein Wunder. Und das Leben in einer äußerlich so schönen und nicht so großen Stadt kann für viele auch voller Freude sein. *(Pause)* Freude, ja, so wie bei Menschen die Freude ist: eine Weile andauernd und dann ... schon vergangen.

Eine einzelne Stimme aus dem Chor:

- Schön!? Schön für die Kranken? Schön für die Alten? Schön für die Armen? Schön für Sokrates? Der einzige Bürger aus Athen, der wahrhaftig eine schöne Seele hat.

Chor:

- Huuu! Was redest du? Das Leben hat seine dunkle Seite. Überall. In Athen erscheinen sie aber nicht mehr so schwarz. Und Sokrates!? Unser Bürgergericht hat ihn schuldig gesprochen. Im Namen der Gerechtigkeit. Er hat die Jugend zu Freidenkerei und zu Freveln verführt! Er wollte eine neue Stadt, sogar eine neue Welt und ein neues Leben errichten! *(Kurze Pause)* Was suchst du eigentlich unter uns? Du bist doch gegen uns, gegen Athen! Huuu! Geh zu seinen Freunden! Geh zu Sokrates ins Gefängnis! Geh weg von hier! Geh, bevor wir dich verjagen!!!

Sokrates: *(zu sich selbst)*

- Ja mein lieber Sokrates. Dein ganzes Leben hast du dich bemüht, diese Menschen von Irrtümern und Denkschablonen zu befreien. Du dachtest, dadurch würdest du ihnen helfen, zum eigenen Wohl und zur wahren Freude zu kommen. *(Pause)* Hör sie nun an, mein lieber! Das ist alles, was sie gelernt haben. Einer, nur einer scheint dich verstanden zu haben. Bei Zeus! Oder … nicht einmal der? *(Pause)*

Die einzelne Stimme:

- Ich gehe, ich gehe. Ihr sprecht von Freiheit, von Demokratie und … wollt mich verjagen. Lügner oder Dummköpfe! Schön ist eure Welt?! Göttergefällig euer Leben?! Bleibt in eurem Morast! Ich verschwinde! Sogar mit Freude.

Sokrates:

- Na! Er hat doch Mut. Nur … darf er sich gegen die Mehrheit, die die Gesetze beschließt, erheben? Auch wenn er Recht hätte? Das ist die Frage, die große Frage! *(Pause)* Und auch meine Frage.

Chor:

- Er hatte Glück. Wir haben mit dem Plaudern Zeit verloren. Er ist weg. Sonst hätten wir ihn sicher überzeugt, dass er *(betont)* ein Dummkopf ist.

Sokrates:

- Hat er aber mich verstanden? Er ist doch nicht bei den anderen geblieben. Ich aber schon. Unschuldig, muss ich sterben. Ich hätte wie er fliehen können.

9

Chor:

- Der hätte bestraft werden müssen. (*Pause*) Was auch immer, der Störenfried ist nicht mehr da. Wir können uns wieder freuen, können ungestört weiter machen, frei sein.

Sokrates:

- Komische Vorstellung. Freiheit heißt nach ihnen, frei zu sein, um die Störenden, zu verjagen, zu bestrafen. So kann man leicht einen Begriff in seinen Entgegengesetzten verwandeln. (*Pause*) Merkwürdig! (*Pause*) Jedoch. Freiheit baut auf feste Grundgedanken, auf klare Bestimmungen. (*Pause*) Und nicht nur die Freiheit, sondern alle unerlässliche Konzepte.

Chor:

- Schön ist das Leben in Freiheit! Schön, dass wir unsere Richter wählen können! Schön, dass sie die Unruhestifter, die unser Recht, die unser Leben zerstören wollen, zum Tode verurteilen! Schön, dass wir frei von ihnen leben können!

Sokrates:

- Sie reden von Schönheit, Leben, Freiheit, Gerechtigkeit. Sie wissen aber nicht, was dies alles bedeutet. (*Pause*) Schlimmer ist aber, dass sie es nicht einmal wissen wollen (*betont*). Oder sogar am schlimmsten: sie meinen alles zu wissen. (*Pause*) Habe ich mich nicht immer bemüht, sie alle zur Erkenntnis zu bringen? Mein ganzes Leben steht dafür Zeuge. (*Pause*)Ich war immer um das Wohl der Gemeinschaft bemüht. Es war doch offenkundig. (*Pause*) Und … was hast du in deinem Leben erreicht, Sokrates? … (*traurig*) Alter Sokrates! Deine Hoffnung hat deinen Wirklichkeitssinn vollkommen vernebelt. Armer Narr!

Chor:

- Freuen wir uns! Kommt! Wir müssen feiern! Spaß muss man haben! Das Leben ist tatsächlich schön, mit Tanz, Wein und Gesang. Unbekümmert, ohne Gedanken! Los, zu Dionysos! Wir haben Grund mit ihm zu feiern, seinen Rausch in Freiheit zu genießen! Danken wir Gott für alles! Kommt, kommt! Verlieren wir keine Zeit mit unnützem Gerede oder blöden Fragereien!

Sokrates:

- Spaß haben! Sich im Rausch betäuben! Nur nicht fragen! Ja! Das wollen sie, um Freude zu haben. (*Pause*) Tatsächlich Freude, aber eine bittere Freude ist es zu erfahren, was die Menschen unter Freude verstehen. (*Pause*) Wahre Freude gibt es nur, wenn sie mit der Wahrheit im Einklang steht. Sogar auch dann, wenn diese Wahrheit einen betrübt. Das ist echte Freude. Es ist wie ein Lichtstrahl. *(Pause)* Nur ... streng genommen, das gilt eigentlich mehr für mich. Die meisten Menschen suchen nicht die Wahrheit sondern die Freude. Die Freude da wo sie zu spüren ist, da wo sie meinen, sie gefunden zu haben. (*Pause*)

Chor: (*Geschrei, einzelne Worte; dann immer leiser. Die Leute entfernen sich*)

- Dionysos, wir ehren dich! Wir ehren dich! Dich, Gott der Freude! Wir, Frauen, Männer, Kinder, wir sind deine Diener, deine Freunde. *(Sie fangen an zu singen)* Sei immer bei uns! Wir lieben dich! Wir ehren Dich! Frei von allem Druck, von aller Bezwingung! Frei von starrer Ordnung! Nur Gesang, Wein und Spaß! Spaß! Spaß! Und Freiheit ohne Grenzen! Ohne Grenzen, ohne Grenzen, ohne Grenzen!

Sokrates: *(Horcht noch eine Weile bis nichts mehr zu hören ist. Dann:)*

- Wie auch immer; das ist schon eine Antwort. Eine Antwort auf die Frage worauf sich die Freude bezieht: auf die Befriedigung der Sinnen. Das meinen die meisten Menschen. Es gibt jedoch auch solche, wahrhaftig sehr wenige, welchen die Beantwortung von Fragen große Freude macht; Fragen, die sich der wissensdurstige Mensch ständig stellt. Denn Wissen ist im Grunde unser höchstes Ziel. Das Wissen oder die Erkenntnis ist das Ende aller menschlichen Bestrebungen. Na, ja! (*Pause*) Besser gesagt: Für manche Narren wie mich. Und was ist die Freude selbst? Ja, ich deutete es schon an: Befriedigung eines Lebensdranges. Leben ist doch Freude selbst. Oder? ... Wieder eine Frage!

Wehleidige Stimmen: *(draußen)*

- Auch heute habe ich keine Arbeit. Und ohne Arbeit, kein Brot. Heute so, gestern so, vorgestern auch. Niemand will mich, niemand! Ich bin zu alt, sagen sie. Und ich bin nicht einmal dreißig!

- *(Eine andere Stimme:)* Und ich? Bin dreiundzwanzig, seit vier Jahren in dieser reichen Stadt. Habe alles gemacht: Steine zermalmt, Balken auf meinem Rücken getragen, Latrinen gesäubert und noch mehr und mehr und mehr. Ich war stark. Jetzt sagen sie: „Er ist zu schwach, er hat keine Kraft. Er ist unnütz!"

- *(die erste Stimme)*: Du bist aber allein. Ich habe Kinder. Was gebe ich ihnen zu essen?!

- *(die* zweite Stimme): Weh uns, weh uns! Wegen Armut haben wir unsere Heimat verlassen. Wir dachten, dass unser Leben bei den reichen Athenern besser wird. Irrtum! Unser Leben ist schlimmer als das der Sklaven. Weh uns, weh uns!

Sokrates:

- Freude und Leben; stehen sie eng zusammen? Jedoch, … hör sie an! Leben bedeutet so oft Schmerz. Freude und Schmerz gehen immer wieder ineinander über. Gerade jetzt als man mir die Fesseln von den Schenkeln wegnahm, verschwand der Schmerz und eine angenehme Empfindung nahm seinen Platz ein. Und so ist es immer. Was überwiegt aber? *(Pause)* Wenn man diese Leute hört, und solche Menschen werden sogar hier immer zahlreicher, ist es schwer eine Antwort zu geben. *(Pause)* Fragen, muss man sich trotzdem immer wieder stellen. Eine Antwort zu finden, ist schon eine Freude. Dadurch ist der schlimmste Zustand leichter zu ertragen. Ist das nicht ein Beweis, wie wichtig das Nachdenken für das Leben und für die Freude selbst ist? *(Pause)*

Eine dritte Stimme: *(nüchtern)*

- Was jammert ihr!? Nur Jammern überall in dieser schönen Stadt. Tausende jammern in armseligen Behausungen, versteckt in Heinen, oder in verlassenen Gärten. Wir alle sind doch freiwillig nach Athen gekommen. Unseren Dörfern und der schweren Arbeit dort haben wir den Rücken gekehrt. Wir wollten schnell zum Wohlstand kommen. Ohne besondere Verdienste wollten wir Bürger dieser strebsamen Stadt werden. Wir sind nur dem Wunsch nach Reichtum nachgelaufen. Der Traum ist weg und jetzt … jammern wir wie alte Weiber.

Eine vierte Stimme: *(kämpferisch)*

- Er hat Recht! Kein Jammern! Wir sind Tausende! Man darf sich nicht mehr alles gefallen lassen! Kommt! Wir haben auch Rechte! Für sein Recht muss man kämpfen. Los in die Stadt!

Sokrates:

- Hör Sokrates, alter Träumer! Wie nahe liegen Frieden und Krieg. Sogar in unserer reichen und gerade vom Krieg verschonten Stadt. Ein Leben lang hast du versucht, den Menschen den Verstand zu schärfen, die Werte schätzen zu lernen und sich in Tugenden zu üben. Und was hast du erreicht? Hör diese Zugezogenen! Sie wollen den Aufstand. Auf der anderen Seite die freien Mitbürger, seit Jahrzehnten deine Zuhörer, meinen, du würdest die Jugend verderben. Sie haben dich zum Tode verurteilt. *(längere Pause)* Was hast du falsch gemacht? *(Pause)*

Chor: *(durcheinander, zu der letzten Stimme)*

- Du bist verrückt! Verrückt! Verrückt! Willst du uns ins Verderben stürzen? Uns und unsere Familien? Wir haben wenigstens noch die Hoffnung. Danach nicht einmal das! Sei still! Sei still! Sonst wirst du ins Gras beißen! Kein Wort mehr!

Sokrates:

- Sie bekommen Angst. *(Pause)* Angst! Ja, genau. Angst! *(längere Pause)* Angst und Lust! Das sind die Triebfedern der Menschen! Und du!? Jahrelang bist du einer Illusion nachgelaufen. Oh du Narr! Nicht der arme Verzweifelte da draußen ist verrückt, sondern du. Du dachtest, und nicht nur, du wolltest sogar beweisen, dass die Vernunft die stärkste Kraft in dieser Welt sei. Dass sie den Menschen und die Polis glücklich macht. Du hast ständig nach dieser Vernunft gelebt. Hast versucht, sie in den Menschen zu erwecken. Ja! *(Pause)* Jetzt erlebst du die Folgen. Du, zum Tode verurteilt! Die Stadt, vor einem Aufstand! Scheitern überall. Armer Sokrates! Hast auf den falschen Läufer gesetzt!

Die vierte Stimme: *(kleinlaut)*

- Ich bin still. Die Angst hat euch fest im Griff. Mich scheinbar auch. Bin still. Aber *(kurze Pause)* vielleicht hatte dieser zum Tode verurteilte Sokrates doch Recht, wenn er sagte, dass ohne Gerechtigkeit kein Frieden ist. Aber können wir Menschen gerecht sein?

Chor: (*einstimmig*)

- Was redest du? Hast Angst, um dein Leben. Lass das Geschwätz! Wir sagten schon: sei still! Kein Wort mehr! Wir warnen dich! Zum letzten Mal!

Sokrates:

- Diese Menschen! Schwer verstehen sie sich! Die einfachen, die armen, die reichen, die gebildeten! Morddrohungen, Todesurteile, Freiheitsberaubung, Freiheitsentzug! (*Pause*) Du hast immer nur den einzelnen Menschen ins Visier genommen. Hast du dabei nicht das Wichtigste vergessen? Der Mensch ist Mensch nur durch, (*betont*) durch die Gesellschaft! (*Pause*), (*nachdenklich und lang ausgesprochen*) Muss nicht zuerst diese umgewandelt werden? Aber wie?!

Hopliten: (*kommen durch das Geschrei der aufgewühlten Menge angelaufen*)

- Was macht ihr hier? Was stört ihr Gesindel die Ruhe der Stadt? Zerstreut euch!! Augenblicklich! Sonst öffnet das Gefängnis die Tore für euch! Los!

Chor:

- Nichts! Nichts Schlimmes! Wir … wir wollten nur dabei sein; beim Tod des Sokrates. Wollten nur sehen, wie er sich vor dem Tod verhält! Dürfen wir nicht? Ist Athen nicht eine Stadt der freien Menschen?

Hopliten:

- Weg! Los! Wir sind Soldaten. Menschen der Tat nicht des Geschwätzes! Über die Freiheit entscheidet nicht ihr, sondern der Rat der 500. Ihr Zugezogenen habt darüber nichts zu sagen. Weg! Zerstreut euch! Augenblicklich!! (*Man hört, wie die Hopliten auf die Menge losgehen und sie auseinander drängt*)

Chor: (*Bewegung und Schritte, die sich entfernen, Schreie*)

- Wir gehen! Bitte! Nicht schlagen! Bitte! Ich bin schon weg! (*Wiederholungen*)

Sokrates:

- Ja? Freiheit, eine Sache des Rates!? Wissen sie was Freiheit heißt? Haben sie einmal darüber nachgedacht? Und … wenn ja, ist es Freiheit in einer Gemeinschaft

14

möglich, nur durch einen Beschluss des Rates zu verwirklichen; wie z. B. die Steuern einzuführen? (*Pause*) Das Nachdenken erhellt mir auch diese letzten Stunden. So wie die Sonnenstrahlen hier in der Zelle. Denn die Helligkeit der Vernunft ist das wahre Licht der Seele. (*Pause. Man hört eine leise aber klare Stimme. Es ist die Stimme des Daimonions*)

Daimonion:

- Sokrates! Sokrates!

Sokrates:

- Ah! Du bist wieder da! Lange hast du mich mit meinen Gedanken allein gelassen. Danke, dass du gekommen bist.

Daimonion:

- Wenn du mit deinem Wissen nicht mehr weiter kommst, dann bin ich immer da. Sonst bleibe ich dir fern (*kurze Pause*). Nur … mit der Vernunft sei vorsichtig Sokrates! Du hast doch in deinem Leben gesehen, und du selbst hast die Menschen darauf aufmerksam gemacht, dass es eine menschliche aber auch eine übermenschliche, kosmische Vernunft, den Nous von Anaxagoras, gibt. Und selten kann sich die menschliche Vernunft zur kosmischen erheben.

Sokrates:

- Leider ist es so. Die meisten Menschen bleiben lebenslang an ihre Meinungen gebunden.

Daimonion:

- Sehr wenige kommen durch Nachfragen zur menschlichen Vernunft und ganz selten erreichen einzelne die Helligkeit des Nous. Diese einzelnen werden fast nie von den anderen verstanden. (*Pause*) Beachte also auch in den für dich letzten Stunden diese Wahrheit, die du selbst gelehrt hast. Darüber hinaus vergiss nicht, dass der Weg der Vernunft, der Weg des Nachdenkens, mit Fragen gepflastert ist.

Sokrates:

- Das ist mir schon lange bewusst.

Daimonion:

- Du musst aber diese Fragen beantworten oder beantwortet haben. Falsch beantwortete Fragen sind wie losgelassene Tollhunde. Lediglich Fragen zu stellen ohne sie zu beantworten, führt unweigerlich in die Dunkelheit. (*Pause*) Du siehst also, wie es mit der Helligkeit der Vernunft bestellt ist, besonders jetzt, kurz vor dem Tod.

Sokrates:

- Du sprichst mir aus der Seele. Nur … so wie es immer im Leben ist, vergesse ich manchmal ganz wichtige und schwer gewonnene Erkenntnisse.

Daimonion:

- Das darfst du gerade jetzt nicht. Bald musst du vor den Göttern Rechenschaft über dein Leben abgeben. Den unvermeidlichen Sprung musst du in voller Klarheit tun! Die großen Fragen müssen in diesen Stunden, die dir noch geblieben sind, schon beantwortet sein.

Sokrates:

- Was meinst du? Welche großen Fragen?

Daimonion:

- Die Fragen, die um unser Leben kreisen. Zum Beispiel: was das Leben selbst ist, welchen Sinn das Leben hat. Wie ist die Beziehung zwischen Leben und Tod zu verstehen? Die grundlegende Frage: ob das Denken diese wichtigen Fragen beantworten kann. Hat dein Nachforschen klare Erkenntnisse finden können?

Sokrates:

- Diesen und den daraus neu entstandenen Fragen habe ich mein ganzes Leben gewidmet.

Daimonion:

- Das weiß ich. Nur, bist du im Klaren mit dem, was du entschlüsselt hast? Denn viel Zeit ist dir nicht mehr geblieben, die Unklarheit aufzulösen. Denn letzten Endes wolltest du sterben. Durch deine so genannte Verteidigung hast du deine

Richter so weit gebracht, das Urteil in deinem Sinne zu fällen, so wie du es immer gewöhnt warst. Ist es so? Antworte!

Sokrates:

- Ja und nein. Ich will eigentlich nicht sterben, denn viele Fragen, die mir so wichtig waren im Leben, sind mir noch offen geblieben. Ehrlich gesagt bin ich nicht ganz sicher, ob ich nach dem Tod, die Antworten erfahren werde. Du kennst sie vielleicht, aber hast sie mir nicht offenbart. So, unter uns gesagt, finde ich das nicht schön. Du wirst aber deinen Grund haben. (*Pause*) Nach diesem Urteilsspruch jedoch darf ich nicht mehr leben. Denn anders sind meine Haltung und meine Ansichten nicht mehr glaubhaft. Und was meine Verteidigung betrifft ich verfolgte nicht den Freispruch sondern die Wahrheit. Das musst du doch wissen.

Daimonion:

- Ja, das weiß ich schon. Aber jetzt nachdem du von mir gehört hast, was der Tod für dich bedeutet, überprüfe deine Entscheidung! Berücksichtige auch, dass deine Freunde deine Flucht schon vorbereitet haben. Und das war nicht leicht. Der große Dichter Ameipsias hat vielleicht doch Recht, wenn er sagt, dass du der größte Narr bist.

Sokrates:

- Ein Narr bin ich vielleicht, aber nicht in seinem Sinne.

Daimonion :

- Mein letzter Rat: lass einmal die wichtigsten Momente deines Lebens vor deinen inneren Augen vorbeiziehen und untersuche kritisch, so wie du es immer machtest, dein Leben und deine Gedanken darüber. Nur so kannst du, zu der so ersehnten Wahrheit kommen. Jetzt am Lebensschluss, wenn sich die Werte in ihrer Nacktheit zeigen. So und nur so wirst du auch ruhig und zufrieden sterben. (*Pause*)

Sokrates:

- Der Gedanke kam mir auch. Jetzt werde ich mich ihm noch bewusster hingeben.

Daimonion:

- Drehe die Zeit zurück, erlebe alles wieder, Jugend, Bildungszeit, Krieg, Familie, deine Lehrtätigkeit und versuche in die Zukunft zu schauen, um zu sehen, was für Erkenntnisse sie noch birgt. All dies aber mit kritischen und forschenden Augen in der Art, dass du dir darüber Klar wirst, was das Wesen des Lebens ist.

Sokrates:

- Das habe ich mir immer gewünscht.

Daimonion: *(betont)*

- Das erreichst du nur unter dieser Bedingung. Als Folge wird das Leben nicht nur erlebt, sondern auch durchleuchtet. Dadurch wird der Tod die Pforte zur Wahrheit, zum Sein *(Steigerung der Betonung)* und nicht zum Nichts öffnen. Nur wenn du zu dieser Klarheit kommst, trinke den Schierlingsbecher, anders gewinne noch Zeit, um diese Helligkeit zu erreichen. Wenn nicht, *(Pause)* dann versinkst du im Nichts! Fang an! Deine Zeituhr ist bald am Ende.

Sokrates: *(nach einer kurzen Pause)*

- Vielen Dank, du Bote der Weisheit! Wie immer höre ich auch jetzt auf dich! *(er schließt die Augen und versinkt in eine tiefe Meditation)*

Vorhang

Akt 2

(Die Bildhauerwerkstatt Sophroniskos`, des Vaters von Sokrates, eines kleinen aber kräftigen 50/60-järigen Mannes, am Stadtrand von Athen. Eine große helle rechteckige Halle. Das Wohnhaus liegt auf einem sanften Abhang, der zum Meer führt.
Links vorne in der Halle eine kleine Tür in der Wand führt in die Wohnung. Der hintere und der rechte Teil der Halle werden bis zum Bühnenrand von vollem Licht überflutet. Hinten und rechts stehen schlichte Säulen die bis zur Decke reichen. Außerhalb des Hauses rechts läuft eine schmale Gasse nach unten zum Meer. Hinten sieht man in der Ferne durch Olivenbäume hindurch das Meer. Die Halle ist voll mit allerlei Steinblöcken und fertig gestellten oder nur angefangenen Bildhauerwerken. Sophroniskos mit einer Meisel und einem Hammer in den Händen rotiert um einen auf einem Sockel gestellten großen Marmorstein. Sokrates sitzt auf dem Boden und betrachtet seinen Vater)

Sophroniskos:

- Bist schon müde? Keine rühmliche Haltung für einen Lehrling bei der Arbeit. Weiter machen! Keine Arbeit, kein Brot! Zu träumen können sich nur die Aristokraten leisten. Auf!

Sokrates:

- Ich träume doch nicht, Vater. Ich denke! Und müde bin ich auch nicht, obwohl wir uns schon seit dem Morgengrauen hier plagen.

Sophroniskos: *(entrüstet)*

- Was sagst du? Plagen?! Bildhauerei ist keine Plage. Sie ist Kunst! Sie hat doch mit dem Menschen, mit dem Schönen, zu tun.

Sokrates: *(weiter da sitzend)*

- Ich dachte die Bildhauerei hat mit Hammer und Meisel zu tun. Oder?

Sophroniskos: *(wird langsam ärgerlich)*

- Steh auf! Arbeite! Wir müssen die Bestellung bald fertig haben. Und sei froh, dass wir etwas verdienen können.

Sokrates: *(Steht sehr langsam auf)*

- Schon gut, schon gut. Aber sag: kann man mit offenen Augen träumen?

Sophroniskos: *(mit rauer Stimme)*

- Sicher, sicher. Das beweist du sogar sehr oft. Aber lassen wir das Geschwätz. Beweg dich, beweg dich! Fang wieder mit der Arbeit an! Schwätzen magst du: immer Fragen stellen, neue und wieder neue Fragen. Und keine Antwort ist für dich die Richtige. Wortspielereien, die magst du am meisten. Denk an das trakische Sprichwort: „Langes Geschwätz, sicherer Tod".

Sokrates: *(fängt zu arbeiten an. Seine Bewegungen sind aber sehr langsam. Er kämpft mit sich selbst: soll er antworten oder nicht. Darüber hinaus macht ihm diese Arbeit alles nur keine Freude. Nach einer kurzen Pause.)*

- Ich denke. Mehr als du sogar. *(kurze Pause)* Verzeihe mir! *(Pause)* Und was mein Sprechen betrifft, das ist alles andere als Geschwätz.

Sophroniskos: *(gereizt)*

- Sprechen, sprechen und nur sprechen ist Geschwätz. Und Sprechen ist keine Arbeit. Es bringt kein Brot. Dein vieles Sprechen läuft nur ins Leere! *(Pause)* Wie willst du dein Leben unterhalten? Und das Leben deiner zukünftigen Familie? Was sagt eigentlich dein vieles Nachdenken über deine Lebensart und über das Leben selbst? Du musst mir einmal diese Frage *(betont und wiederholt)*, ja, diese Frage beantworten! Sie ist tatsächlich die wichtigste. Sie ist der Schlüssel für deine Zukunft. Glaubst du tatsächlich, dass ich, bald ein alter Mann, dich noch lange unterhalten kann? *(es tritt eine bedrückende Stille an. Man hört nur das Hämmern, das immer schneller und nervöser wird und das Schleifen der Meißel. Sokrates Arbeit wird immer hastiger)*

Sokrates:

- Vater *(kurze Pause)*, ich verstehe deine Sorgen. Siehe doch! Ich arbeite schon lange bei dir in der Werkstatt, habe viel gelernt, viele recht schöne Stücke gemeißelt, die dir einige Drahmen gebracht haben. *(kurze Pause)* Es ist wahr. Ich konnte mich nicht dazu entscheiden, eine eigene Werkstatt zu öffnen, eine Frau zu heiraten. Wie es üblich ist. Verzeihe! *(Pause)* Bedenke nur: du warst über dreißig als du geheiratet hast. *(Pause)* Vielleicht hast du aber Recht, dass ich viel zu viel Zeit mit Grübeln und Nachdenken verschwende. Du selbst sagtest mir jedoch, als ich noch klein war, dass ohne Denken nichts Gutes entstehen kann. Ist es nicht so?

Sophroniskos:

- Ja sicher. Es ist auch so. Nur, Denken ist nicht gleich Denken. Die Hauptsache ist, woran man denkt. Denken ist ein Mittel, nämlich *(betont)* das beste Mittel, um etwas zu leisten. Und ich habe immer dieses Denken gemeint. Dadurch wird das Ziel einer Arbeit am schnellsten erreicht und die Arbeit am besten durchgeführt.

Sokrates:

- Was meinst du? Gibt es nicht auch verschiedene Arten von Arbeit?

Sophroniskos: *(schroff)*

- Sicher! Was für eine dumme Frage.

Sokrates: *(ganz ruhig. Weiter hämmernd. Jetzt aber ohne Hast)*

- Und wenn man verschiedene Arbeiten zu tun hat, muss man nicht darüber nachdenken, welche man zuerst macht oder welche die wichtigste ist usw.?

Sophroniskos: *(etwas sanfter)*

- Na ja! Man muss eigentlich. Man macht das, aber nur selten.

Sokrates:

- Und wenn nur selten, dann ist es auch nicht richtig. Oder?

Sophroniskos:

- Man soll immer mit dem Kopf bei der Arbeit sein.

Sokrates:

- Na dann, warum rügst du mich, wenn ich denke? Meinst sogar, das wäre Träumerei.

Sophroniskos: *(ersichtlich genervt)*

- Kurz und einfach! *(betonend)* Weil das Denken ein Mittel zum Zweck ist und bleibt! Wenn es dem Zweck nützt, ist das Denken gut. Wenn nicht, nicht! Welcher ist der Zweck deines Nachdenkens? Was bringt dir das Denken? Sag! *(Pause)* Ich sehe nur, dass du immer weiter denkst. Sehe kein Ergebnis. Vor und nach deinem Denken bleibt alles gleich!

Sokrates:

- Was bringt es? Ja. Das ist eine gute Frage, Vater. Um dir aber eine gute Antwort zu geben, muss ich länger nachdenken. Denn anders, würdest du wieder sagen: „Dein Denken hat dir wieder nichts gebracht". *(eine lange Pause. Beide schweigen. Sie arbeiten eine Weile weiter. Sophroniskos hastiger, nervöser, Sokrates noch zögerlicher.)*

Sophroniskos: *(unterbricht seine Arbeit, fixiert seinen Sohn und fast brüllend)*

- Genug! Erstens: Du treibst Spott mit deiner Arbeit! Zweitens: Dein Denken ist nicht einmal im Stande eine richtige Antwort zu geben! Genug! Mit dir ist nichts mehr zu machen. Ein richtiger Mensch wirst du nie werden! Zieh aus! Vielleicht wird dich die Welt zu Verstand bring … *(wird von Phainarete, seiner Frau, unterbrochen, die schon bei Beginn seiner Replik in das Atelier herein trat)*

Phainarete: *(mit lauter Stimme)*

- Was ist mit dir?! Bist du verrückt geworden? Nachdem er dir schon so lange Zeit Lehrling und Diener zugleich war, willst du den Armen auf die Straße werfen? Nur weil er sensibler und nachdenklicher als du ist? Nein! Ganz klar nein! Nein und wieder nein! *(ganz entschieden)* Du bringst das Fass zum Überlaufen! Jahrelang hast du alles gemacht, was du wolltest. Sogar in der letzten Zeit in denen ich mit *(spöttisch)* meinem kunstlosen Beruf mehr Drahmen in dieses Haus brachte als du. Ohne meine lebenspendende Arbeit wäre es schwer gewesen, unsere Wirtschaft im Stand zu halten. Weißt du das nicht!? Genug! Was meinen Sohn betrifft, entscheide jetzt ich. Kein Wort …

Sokrates: *(unterbricht sie)*

- Mutter, Mutter! Beruhige dich. Er ist nur müde. Seine Arbeit ist nicht leicht. Und bedenke! Sein Leben war es auch nicht. Er hat es sich sicher anderes vorgestellt. Vielleicht ist er enttäuscht!

Phainarete: *(weiter erzürnt)*

- Enttäuscht!? Wieso? Weil seine *(spöttisch)* Kunst nicht mehr so geschätzt ist? Und ich? Bin ich nichts für ihn? *(Pause)* Und was hat er immer gegen dich? Gegen so einen lieben und strebsamen Jungen? Sag!?

Sokrates:

- Mutter, beruhige dich. Er hat nichts gegen mich. Er will mir doch helfen. *(Pause)* Hör zu. Ich wollte dir schon lange etwas sagen.

Phainarete: *(zuerst ein wenig beruhigt aber gleich beängstigt)*

- Sagen? Warum? Was denn?

Sokrates:

- Na ja. Eigentlich etwas ganz Normales. *(schweigt)*

Phainarete: *(wartet eine kurze Weile, dann voller Angst)*

- Normal, normal ist unser Leben. Was möchtest du mir sagen? Etwas Schlechtes?

Sokrates: *(ruhig)*

- So normal ist unser Leben auch nicht. Alle meine Freunde, mit denen ich gespielt habe, sind schon lange weg. Verheiratet, haben Kindern, manche sind weit weg gegangen, nach Syrakus zum Beispiel, sogar nach Ägypten.

Phainarete: *(wird aggressiver)*

- Das ist nicht normal. Das ist abnormal! Warum bleiben sie nicht zu Hause? Sie sind verrückt, verrückt!! Sie sehen ihr Glück nur weit in der nebligen Ferne; verlassen ihre Familien, ihr sicheres Heim. Und wem überlassen sie das alles? Den anderen Verrückten, den Barbaren, die uns so viel Übel bereiten. Alle diese Verrückten laufen weg in eine fremde Welt; sie laufen ihren übergeschnappten Wunschträumen nach und bringen den ganzen Kosmos in Unordnung.

Sokrates: *(sie beruhigend)*

- Beruhige dich Mutter! Und übertreibe nicht mehr! Die Übertreibung geht an der Wahrheit vorbei. Als die Korinther vor Jahrhunderten Syrakus gründeten, waren sie verrückt? Sie haben Ordnung dorthin gebracht. Ist heute Syrakus nicht eine der reichsten Städte der Griechen? Aber lassen wir das.

Sophroniskos: *(kalt)*

- Wenn es nur Übertreibungen gebe, wäre es nicht so schlimm. Sie ist aber ein ganz anderer Mensch geworden. Und das Leben wird zu einer Hölle. *(zu Phainarete)* Was hast *(betont)* du eigentlich gegen mich? Als ich dich als Frau in mein Haus brachte und ich durch meine Kunst sehr gefragt war, war Sophronikos der beste Mann von ganz Athen. Ist es so?

Phainarete: *(murmelt etwas)*

Sophroniskos:

- Murmeln ist keine Antwort. Na ja. *(Pause)* Jetzt, wo ich älter geworden bin, nicht mehr so viel Drahmen nach Hause bringe und mehr noch, seitdem du, mit deinem, dem Leben viel näherstehenden Beruf, mehr als ich verdienst, hast *(betont)* du die übliche griechische Hausordnung vergessen und wirst zu einem Tyrannen. Ich verstehe manchmal Sokrates gut, dass er nicht heiraten will, wenn er so ein Beispiel vor Augen hat.

Phainarete: *(nervös. Fühlt sich in die Enge getrieben)*

- So seid ihr Männer: Auch wenn ihr selbst die meiste Zeit in Uneinigkeit lebt, seid ihr immer einig in eurer Meinung über die Frauen. Das Haus in Ordnung zu halten, die Sklaven und Bediensteten gut zu organisieren, euch Essen vorzubereiten; das alles ist selbstverständlich. Aber wenn eine Frau euch die Wahrheit, die euch nicht passt, sagt, dann ist sie ein Ungeheuer. Ich verstehe jetzt die Amazonen ganz gut. Na, es hat keinen Sinn noch mit euch zu reden. Es ist spät genug. Kommt zu Tisch. Das Essen wartet schon lange! *(lange Pause. Dann, von neuem voller Angst, dreht sich zu Sokrates)* Sag einmal, mein Kind! Was wolltest du mir eigentlich sagen!

Sokrates:

- Ich habe lange nachgedacht. So, wie du, Vater, schon sagtest, es ist Zeit etwas für meine Zukunft zu unternehmen. Und ich bin sicher, ihr seid nicht dagegen.

Phainarete und Sophroniskos: *(er ganz entschieden, sie zögernd)*

- Sicher. Woran denkst du?

Sokrates:

- Ich muss meinem inneren Drang nachgehen.

Sophroniskos:

- Das ist auch richtig. Ich hoffte nur, dass dieser Drang die Kunst betrifft, wie es auch bei mir der Fall war. (*Pause, traurig*) Ich hätte sehen müssen, dass du nicht dafür geeignet bist. Die Hoffnung trübt immer die Sicht.

Phainarete: (*voller Angst*)

- Und willst du weg? Wohin? Was möchtest du tun?

Sokrates: (*nach einer kurzen Pause*)

- Danke! Ich bin froh, dass ihr mich versteht. (*kurze Pause*) Ich wollte schon lange die Schule von Anaxagoras besuchen. Anaxagoras ist der einzige, der mir mehr Wissen über das Leben und über diese Welt übermitteln kann. Und das ist das Wichtigste für einen Menschen.

Phainarete: (*erschrocken*)

- Was willst du bei diesem Schwätzer? Die Leute sagen sogar, dass er ein Gotteslästerer sei. Er ist ein gefährlicher Mann. (*kurze Pause*) Warum soll man ihn noch reicher machen? Denk an deine Zukunft. Was passiert mit dir, wenn ihm der Volksrat einen Prozess macht? Wirst du nicht mit ihm hineingezogen? (*Pause*) Hast du überhaupt kein Mitleid mit deiner armen Mutter?

Sokrates: (*Pause, Sokrates schweigt eine Weile*)

- Mutter. Du weißt doch, dass ich dich lieb habe.

Phainarete:

- Das kann ich fast nicht mehr glauben. Leider. (*kurze Pause*) Wenn du nicht an mich denkst, denke wenigstens an dich. Was gewinnt dein Leben durch das Geschwätz dieses Mannes? Mehr Wissen sagst du. Das Wissen stillt aber nicht den Hunger! Wissen, wie auch Kunst, kann sich nur der leisten, dessen Leben abgesichert ist. Das ist aber bei dir nicht der Fall. Wenn du jedoch meinst, dass einige Sophisten und Anaxagoras in Münzen schwimmen, dann bleibt noch die Frage offen, ob du das schaffst.

Sophroniskos:

- Was das Leben betrifft hat deine Mutter immer Recht. Sie weiß Bescheid. Ihr Beruf ist doch untrennbar mit dem Leben verbunden. Was die Gestaltung des Lebens betrifft? Du kennst meine Meinung: im Leben soll man seiner Neigung nachgehen. Jedoch Vorsicht: das Leben nicht aufs Spiel setzen! Überlege gut, bevor du dich für etwas entscheidest!

Sokrates: *(ganz entschieden)*

- Meine Entscheidung habe ich schon lange getroffen. Morgen gehe ich zu diesem Philosophen. *(Pause)* Reden wir jetzt nicht mehr darüber. Am besten hören wir auf die Mutter. Gehen wir essen. Darüber sind wir uns einig. Nicht wahr?

Vorhang

Akt 3

(Ein Hain oben über einer Felswand, die zum Meer steil hinunter läuft. Darauf zerstreute Bänke unter Bäumen. Dahinter ein großes Haus umrundet von Säulen. Aus dem Haus kommen manchmal Sklavinnen mit Amphoren und schütten Getränke in die leeren Tonbecher auf den Tischen. Am Hain sitzen oder gehen langsam die jüngeren Schüler des Anaxagoras. Zwischen diesen befindet sich der schon ältere Archelaos – die rechte Hand vom großen Lehrer, Anaxagoras. Dabei auch Sokrates.
Anaxagoras, etwa 60 Jahre alt, liegt bequem in einer Hängematte. Archelaos, gefolgt von Sokrates, geht zu Anaxagoras)

Archelaos:

- Entschuldige Meister, dass ich dein Denken unterbreche. Mein junger Freund Sokrates, von dem ich dir berichtet habe, ist eben angekommen. Er will dich grüßen und mit eigenen Worten seine Freude darüber äußern, dass du ihn als Schüler angenommen hast. Zugleich möchte er dir berichten, warum er diesen Schritt zu dir gewagt hat, denn so wie du immer betonst, muss man wagemutig sein, sein Leben der Vernunft zu widmen.

Anaxagoras:

- Ich freue mich zu sehen, dass ein begabter Jugendlicher, wie du mir Sokrates beschrieben hast, diesen schwierigen Weg der Vernunft in dieser voller Angst und Geldgier geprägten Welt wählt. Das ist für mich auch ein Beweis, dass der göttliche Nous, von dem ich euch lehre, stärker ist als alle Machenschaften der unvernünftigen Menschen, und Wege zum Bewusstsein der jungen Menschen findet. *(kommt aus der Hängematte herunter und geht zu Sokrates)* Sei willkommen in unserem Kreis der Denker.

Sokrates:

- Sei gegrüßt weiser Meister. Schon lange wollte ich als Schüler in deiner Nähe sein, deine Lehre kennenlernen. Immer wieder habe ich mich gefragt, was mein Leben ist, warum diese Welt so ist und nicht anders, warum sich die Menschen so schwer verständigen und warum uns der Zwist, der Krieg beherrscht. Mein älterer Freund Archelaos, den ich manchmal gefragt habe, sagte mir einmal, dass du diese Fragen beantworten kannst.

Anaxagoras:

- Ganz richtig hast du dir all diese Fragen gestellt. Solche Fragen sind der beste Beweis, dass wir Menschen ganz besondere Lebewesen sind. Nur die Menschen stellen sich Fragen und versuchen sie zu beantworten. Die Menschen, die sich diese Fragen stellen, nenne ich mit Pythagoras Weisheitsliebende. Du, Sokrates, bist einer von ihnen. Ich freue mich, dass du den Weg zu uns gefunden hast. Aber sag: warum bist du nicht früher gekommen? Du bist doch nicht mehr so jung?

Sokrates:

- Es ist wahr. So jung bin ich nicht mehr. Aber das heißt nicht, dass ich mir diese Fragen nicht schon als Jugendlicher gestellt habe. Verschiedene Antworten habe ich schon. Jedoch manche widersprechen sich. (*Pause*)

Anaxagoras:

- Vielleicht hast du sie nicht gründlich genug untersucht.

Sokrates:

- Das kann sein. Du fragtest warum ich nicht früher zu dir gekommen bin. Ja! Aus verschiedenen Gründen. So wollte ich z.B. nicht in Zwist mit meinen Eltern geraten. Mein Vater hielt daran fest, dass ich seine Werkstatt übernehme. Meine Mutter, eine sehr praktische Frau, hat kein Verständnis für die Beschäftigung mit Fragen, die, wie sie sagt, nichts dazu beitragen, das Leben schöner zu machen und zu unterstützen. Darüber hinaus muss man, um deine Schule besuchen zu können auch vermögend sein. Und ich selbst, habe nicht mehr als meinen Kopf und ganz wenig Geld, was meine Eltern mir gegeben haben. Mein Kopf ist voll, aber nur voller Fragen.

Anaxagoras:

- Na ja. Ich verstehe. Du nennst gute Gründe. Was die Bezahlung betrifft, so teuer ist es auch nicht. Ich bin ja doch kein Sophist und auch kein Priester. Und übrigens: auch ein Philosoph braucht Essen. Weisheit allein stillt nicht den Hunger. Leider! Das muss dir von Anfang an klar sein. Auch wenn du ein guter Schüler sein wirst und der Wahrheit näher kommst, kann ich dir nicht versprechen, wie die Sophisten es tun, dein Leben leichter zu machen. Im Gegenteil. Dein Leben wird sogar schwieriger sein. Das musst du in Kauf nehmen.

Sokrates:

- Das ist mir bekannt. Die Sehnsucht nach Geld bringt mich nicht zu dir. Geld beantwortet meine quälenden Fragen nicht. Von dir erwarte ich Antworten, die mich erhellen und mir innere Ruhe schenken.

Anaxagoras:

- Richtig. Das ist die entsprechende Einstellung eines nach Erkenntnis strebenden Menschen. Nur Vorsicht! Obwohl jede Antwort eine Ruhe mit sich bringt, heißt das bei weitem nicht, dass diese auch bleibt.

Sokrates:

- Warum denn nicht, wenn man endlich eine Antwort gefunden hat?

Anaxagoras:

- Damit die Ruhe bleibt, muss die Antwort wahr sein. Darum muss jede Antwort immer wieder, auf ihre Wahrheit geprüft werden, Wahrheit nimmt man nicht an, wie ein Ding. Sie ist eine selbstbewusste und hoch begehrte Frau, die erobert werden will. Hier liegt die Schwierigkeit. Die Menschen nehmen im Leben immer den leichtesten Weg. Das heißt in unserem Fall, dass sie die allgemein anerkannten Antworten als feste und sichere annehmen. Sie untersuchen sie nicht. Das ist aber falsch. Jede Antwort kann unwahr sein.

Sokrates:

- Wie kommt man dann zu der richtigen Antwort?

Anaxagoras:

- Das ist eben die große Frage, denn jede Antwort ist eine Quelle von neuen, unerwarteten Fragen, welche neue Antworten erzeugen.

Sokrates: *(nach einer langen Pause)*

- Na, sehr ermutigend ist es nicht, was du sagst. Mein Kommen wurde von der Hoffnung beflügelt, dass du mir sichere Antworten auf meine quälenden Fragen geben wirst. Wie ich aber jetzt erfahre, gibt es solche nicht. Oder im besten Fall kommt man zu immer neuen Antworten; nie zu der letzten, wahren Antwort. So steht die Suche nach der Wahrheit auf wackeligen Beinen.

Archelaos: *(zu Sokrates)*

- Langsam, langsam mein lieber Sokrates! Die Eile schadet der Sache, wie ein thrakisches Sprichwort sagt. Du hast mich gebeten, dich hierher zu bringen, um dein Denken zu schärfen. Dadurch gewinnst du Erhellung. Ist es so?

Sokrates:

- Richtig. Das ist ein Grund.

Archelaos:

- So ist für dich das Denken das Wichtigste. Ist es so?

Sokrates:

- So ist es. Denn meine Überzeugung ist, dass man nur durch das Denken zur Erhellung, also zur Wahrheit, kommen kann.

Archelaos:

- Wie willst du das Denken schärfen, wenn du die Art, wie das Denken selbst arbeitet, nicht kennst?

Sokrates:

- Du hast Recht. Das wäre nicht möglich.

Archelaos:

- Hat dich der Meister eben nicht auf die Verbindung von Denken und Fragen hingewiesen?

Sokrates:

- Ich verstehe nicht so gut, was du meinst. Aber bevor du es mir erklärst, was ich dich auch bitte, möchte ich zuerst dem Meister noch etwas über den Grund, der mich zu ihm gebracht hat, sagen. Ich erwähnte schon vorhin: das Denken war ein Grund, (*wiederholt betonend*) ein Grund, um hierher zu kommen. Neben diesem war es auch der Wunsch nach der Beantwortung meiner quälenden Fragen. (*er dreht seinen Kopf zu Anaxagoras*) Meister! Habe ich nicht schon am Anfang erwähnt, dass mich quälende Fragen zu dir bringen?

Anaxagoras:

- Das hast du wohl getan. Dadurch hast du mir viel Freude bereitet, denn wenige junge Menschen stellen sich in unserer Zeit solche schwer zu beantworteten Fragen. Nur (*kurze Pause*) was deine zwei Gründe betrifft, Schärfung des Denkens und das Beantworten deiner quälenden Fragen, siehst du zwischen ihnen keine Verbindung?

Sokrates:

- Doch, doch. Ohne scharfes Denken verfehlt man immer die richtige Antwort. Das habe ich immer erfahren. Und glaube mir, ich bin in meinem Leben immer mit offenen Augen gelaufen. Den Drang nach Erkenntnis habe ich ständig gespürt.

Anaxagoras:

- Das ist auch sehr schön. Aber dieser Drang quälte dich auch oft, oder?

Sokrates:

- Sogar sehr, Meister.

Anaxagoras:

- Weißt du auch warum?

Sokrates:

- Das habe ich mich noch nicht gefragt.

Anaxagoras:

- Also. Um wahres Wissen zu erreichen, muss man sich ständig fragen, ob man tatsächlich die Wahrheit als Ziel hat und nicht ein anderes, bestimmtes Wissen, das nur als Mittel für das Erreichen eines anderen Zwecks steht.

Sokrates:

- Du meinst also: sich ständig prüfen. Das gegenwärtige Wissen mit zweifelnden Augen betrachten. Kein leichtes Unternehmen!

Anaxagoras:

- Nicht leicht aber wirkungsvoll. Es bringt Klarheit. Klarheit und Erkenntnis sind eng miteinander verbunden. Nur, verursacht zwangsläufig die Unklarheit das Aufkommen des Suchens nach Erkenntnis? Anders gefragt: kann man nicht auch in Unklarheit leben, sogar ganz wohl? Und wenn die Unklarheit nicht die unbedingte Bedingung des Suchen nach Wissen ist, welches ist die Ursache dieses Suchens?

Sokrates:

- Man kann sehr wohl in Unklarheit leben. Die meisten Menschen leben so. Anders gäbe es nicht so viele Konflikte in der Welt und die Menschen würden nicht immer wieder Fehler machen.

Anaxagoras:

- Ist nicht das Wissen selbst, diese unbedingte Bedingung?

Sokrates:

- Ich verstehe die Frage nicht. Meinst du, dass das Wissen der Ursprung von sich selbst ist? Das ist schwer zu verstehen.

Archelaos:

- Mir ist es auch schwer verständlich. Willst du damit sagen, dass sich das Wissen irgendwo selbständig befindet und wir Menschen manchmal ein Gespür davon haben, dass es ein wahres Wissen gibt. Dass man nur, wenn man dieses Gespür hat, nach dem Wissen zu suchen anfängt?

Sokrates:

- Und das wäre die Erklärung dafür, dass wir diesen Drang nach Erkenntnis spüren? Ja. Man muss diesen Drang, den ich erwähnte, spüren. Anders steht das Wissen auf wackligen Beinen.

Anaxagoras:

- Der Ursprung des Wissens ist das Wissen selbst. Aber Vorsicht! Hier ist Wissen nicht im Sinne des Inhalts des Wissens zu verstehen, wie z. B. ein Quadrat als ein Gebilde mit vier gleichen Seiten und Winkeln, sondern das Wissen bezieht sich hier auf das umschließende innere Sicherheitsgefühl des Nur-so-zu-seins. *(Pause)* Diese allumfassende Art vom Wissen, die alle anderen Formen des Wissens umschließt und ermöglicht, ist jedoch unabhängig vom Menschen. Der Mensch nimmt es nur als Drang, als Ziel wahr.

Sokrates:

- Bei Zeus! Mein Kopf beginnt zu brummen. Das Wissen selbst ein Gefühl!? Ich dachte, dass das Wissen ganz frei vom Gefühl ist.

Anaxagoras:

- Das habe ich nicht gesagt. Was ich sagen will, ist Folgendes: Wissen ist gleich zu setzten mit innerer Klarheit. Das besagt, dass das, was ich in meinem Bewusstsein habe, ist so, wie ich es aufgenommen habe. Das heißt weiter, dass das Wissen an das Gefühl der Sicherheit gebunden ist. Dieses Gefühl gibt es nur dann, wenn alles, was gegen das Angenommene spricht, als unbegründet bewiesen wird.

Archelaos:

- Um Wissen zu erlangen, braucht der Mensch also dieses einzigartige Gespür der Unsicherheit oder das Pendant, den Drang nach Sicherheit. Und wenn man das nicht hat, kann man auch zu keinem Wissen kommen. Ist es so?

Anaxagoras:

- Dieses Gespür gründet in einem unerschütterlichen Glauben an die Existenz der immer gleichen Einheit hinter der Mannigfaltigkeit der wechselnden Erscheinungen.

Und das verbindet sich mit dem unerschütterlichen Glauben an die Möglichkeit der Erklärung oder des Begreifen dieser Einheit.

Sokrates:

- Merkwürdig!

Archelaos:

- Merkst du denn nicht? Wir Weisheitsliebenden halten das Wissen für die wertvollste Sache des Lebens. Wir suchen ständig das Wissen, die Erkenntnis und in Bezug darauf bewerten wir alles, was es gibt. Das heißt Taten, Gefühle, alles was wir spüren und als wichtig betrachten, alle Formen des Glaubens. Wir kommen dadurch auch in den Konflikt mit Mitmenschen und mit dem Staat, denn wir sind überzeugt, dass das Wissen das höchste Gut der Menschheit ist. Und wie begründen wir diesen Anspruch des Wissens?

Sokrates: *(nachdenklich)*

- Ja! Tatsächlich! Durch ein Gespür und durch einen Glauben. Ja, sehr merkwürdig!

Anaxagoras:

- Merkwürdig schon. Aber wahr. Oder?

Archelaos + Sokrates:

- Es scheint tatsächlich so zu sein.

Anaxagoras:

- Und wer hat uns geholfen zu dieser Erkenntnis zu kommen?

Archelaos:

- Unser Geist.

Sokrates:

- Unser Geist durch das Denken.

Anaxagoras:

- Unser Geist kann also mit Hilfe des Denkens zum Wissen kommen. Das, weil er wie der Weltgeist, der Nous, durch das Denken alles erfasst und ordnet.

Sokrates:

- Nur (*kurze Pause*) sag Meister, wie können wir jedoch wissen, dass es so einen Weltgeist, wie du ihn nennst, gibt?

Anaxagoras:

- Das werden wir zusammen mit allen meinen Schülern erforschen. Darum seid ihr alle hierher gekommen. Jetzt ist aber Essenzeit. (*an einen Sklaven*) Führe sie zu ihren Gemächern! Und das Essen soll bereit stehen! (*alle verlassen die Bühne*)

Vorhang

Akt 4

(Potidaia in Chalkidike, 432 v. Chr. Das Lager der athenischen Belagerer vor Potidaia. Man sieht in der Ferne die Mauern der Stadt und dahinter rechts das Meer. Es ist eine Erholungspause zwischen den Kämpfen. Beide Parteien warten auf das Ankommen von Schiffen mit Hilfstruppen aus Korinth und Sparta für die Potidaier und aus Athen für die Athener. Kurz danach kommt es zur Entscheidungsschlacht und zum Sieg der Athener. Alkibiades, der Führer der Athener, ein kräftiger schöner, junger Mann, kommt mit langsamen Schritten zu Sokrates, der als Soldat allein auf dem Boden sitzt und auf die Stadt in der Ferne schaut. Um ihn herum liegen Hopliten, manche behandeln ihre Wunden oder schlafen, andere in Gruppen, essen oder trinken. Es ist Sommer, ein schöner Morgen.)

Bild 1

<u>Alkibiades:</u>

- Schön dich zu sehen, Sokrates. Warum so allein und einsam? Hast du keinen Gesprächspartner gefunden, obwohl unsere Männer eine Pause genießen? Dass diese ersehnte Kampfpause eingetreten ist, ist doch ein Geschenk. Jeder kann machen, was er will, solange er die vereinbarte Kampfpause einhält.

<u>Sokrates:</u>

- Eben. Ich mache auch, was ich will. Und einsam bin ich auch nicht. Ich bin zusammen mit meinen Gedanken.

<u>Alkibiades:</u>

- Nach allen diesen schweren und gefährlichen Tagen genieße diese von den Göttern geschenkte kampffreie Zeit. Die Gedanken bringen einem keinen Genuss. Das Zusammensein mit den Menschen aber schon. Komm in mein Zelt. Ich habe mir einen sehr guten Wein schicken lassen (*kommt zu Sokrates und reicht ihm die Hand, um ihm beim Aufstehen zu helfen*).

Sokrates: (*bleibt weiter sitzen, ignoriert Alkibiades` ausgestreckten Arm*)

- Du redest viel, Alkibiades. Aber wenig Vernünftiges.

Alkibiades: (*zieht seinen Arm zurück. Ein wenig empört*)

- Tue nicht so, als würdest du keine Freude bei unseren Zechgelagen haben. Wir kennen uns doch nicht seit gestern.

Sokrates:

- Freude und Genuss ist nicht dasselbe, mein Lieber. Und darüber hinaus, was haben die Götter mit dieser Kampfpause zu tun?

Alkibiades:

- Ich sagte doch: sie ist ein Geschenk der Götter.

Sokrates:

- Du als großer Stratege und Armeeführer kannst das nicht ernst meinen. Du weißt, dass die zwei im Kampf stehenden Parteien, als sie erkannten, dass nach so langer Zeit keine den Sieg erringen konnte, sich bereit erklärten, eine kurze Kampfpause zu machen, um zu neuen Kräften für die entscheidende Schlacht zu kommen. Unter Aristeus kommen 2000 Hopliten mit Schiffen, sogar aus Sparta, um den Potidaiern zu helfen. Aus Athen kommen genauso viele Kämpfer mit Schiffen. Und das alles haben die Menschen entschieden.

Alkibiades:

- Das weiß ich schon. Nur ich sehe das alles als ein Geschenk.

Sokrates:

- Geschenk der Götter? Für mich ist diese kampflose Zeitspanne kein Geschenk sondern eine furchtbare Vorbereitung für eine grausame Schlacht. Wer weiß, wer von all diesen Menschen noch in wenigen Tagen am Leben sein wird? Was für einen Genuss kann ein zum Tode Verurteilten noch erleben?

Alkibiades:

- Alles was die Menschen tun, kommt von den Göttern. Du glaubst doch auch an Gott. Oder nicht?

Sokrates:

- Der Glaube muss der Vernunft standhalten. Was hätte sonst das Denken für einen Sinn?

Alkibiades:

- Der Glaube an die Götter und an ihre Gesetze erzieht die Menschen zum Guten.

Sokrates:

- Du erinnerst dich sicher an Xenophanes, an unseren großen Denker. Wir haben oft mit unseren Freunden über seine Gedanken gesprochen.

Alkibiades:

- Ja sicher. Ich schätze ihn sehr.

Sokrates:

- Dann erinnerst du dich an seine Verse: „Alles haben Homer und Hesiod den Göttern angedichtet, was nur immer bei den Menschen Schimpf und Schande ist: Stehlen, Ehebrechen und sich gegenseitig Betrügen." Was sagst du dazu?

Alkibiades:

- Er hat Recht. Ich aber auch.

Sokrates:

- Tatsächlich ist es so. Und das, weil es keine gegensätzlichen Aussagen sind. Du beziehst dich auf die Wirkung des Gottesglaubens auf die Menschen und Xenophanes auf das Wesen der Götter.

Alkibiades:

- Du hast mir aber meine Frage nicht beantwortet, oder besser gesagt nicht direkt beantwortet. Ich frage dich anders: Was sagt die Vernunft angesichts der Gottheit? Sind die Götter, wie dieser Vers sag, ein Produkt der Dichter?

Sokrates:

- Die Götter selbst schon, die Gottheit aber nicht. Denn, wie Xenophanes sagt, das All sei eins und dieses Eine sei die Gottheit. Sie sei mit der Gesamtheit der Dinge verwachsen. Sie sei ganz Geist d.h. Nous und Weisheit und ewig. Der Geist sei die Kraft selbst, das Mächtigste von allem.

Alkibiades:

- Der Gottesglaube meint auch, dass die Götter mächtig seien.

Sokrates:

- Denke daran, was Xenophanes dazu ganz vernünftig sagt: „Wenn aber die Gottheit das Mächtigste von allem ist, dann kann sie nur eine einzige sein, denn sie könnte unmöglich alles, was sie wollte, wenn es mehrere Götter gebe. Es kann also nur eine Gottheit geben."

Alkibiades:

- Nach dir gibt es also nur eine Gottheit.

Sokrates:

- Nicht nach mir sondern nach Xenophenes und nach der Vernunft. Also, wenn du von der Vernunft gebrauch machst, auch nach dir.

Alkibiades:

- Diese Vernunft ist aber unsere (*betont*), unsere Vernunft, nicht?

Sokrates: (*steht auf, macht einige Schritte hin und her. Er scheint ein wenig aufgeregt zu sein, als wäre etwas nicht ganz in Ordnung. Nach einer kurzen Pause*)

- Sicher. Nach unserer Vernunft. Alles was wir tun, denken, fühlen gehört doch uns. Es ist unser Eigentum. Oder?

Alkibiades:

- Eben. Sag mir nur: Wie kann man wissen, dass unsere Vernunft auch die Vernunft Gottes ist? Und dass alles in der Welt so läuft und gelaufen ist, wie meine Vernunft behauptet? Sogar Xenopfanes sagte: „Denn Wähnen nur ist uns Menschen beschieden".

Sokrates: *(bleibt stehen, senkt den Kopf. Dann hebt er ihn und sagt mit entschiedener Stimme):*

- Bei Zeus Alkibiades! Das ist die große Frage. Du bist ein eitler und genießerischer Mann, aber denken kannst du wohl. Ich muss mich zurückziehen und tief nachdenken. Geh du zu deinen und ich zu meinen Belangen. Vielleicht finden wir beide, das was wir suchen. Wenn diese Kampfpause uns gnädig ist.

(Sokrates steigt auf einen abgelegenen und einsamen Hang und setzt sich mit gekreuzten Beinen neben einen alten Baum nieder. Alkibiades entfernt sich mit schnellen und kräftigen Schritten in Richtung Lager.)

Vorhang

Bild 2

(Ein großer Sprung in die Zukunft – über 1200 Jahre, und im Raum, über tausende von Kilometern irgendwo in Indien - schleudert Sokrates in den Vorhof eines kleinen indischen Tempels im Wald. Im Tempel vor dem auf zwei Stufen höher stehenden Altar sitzt ein junger Mönch im Yogasitz. Um ihn herum sitzt eine kleine Schar von jungen und alten Mönchen. Der junge Mönch vor dem Altar, Shankara, hält eine Schrift in der Hand, liest vor und bespricht das Vorgelesene mit den anderen Mönchen.
Als der Vorhang hoch geht, steht Sokrates im Vorhof vor dem Eingang des Tempels. Durch seine Stehhaltung kann er über die Köpfe der sitzenden Mönche direkt die scharfen Augen Shankaras am Altar erblicken. Shankara bemerkt ihn kurz danach, unterbricht seine Unterweisung und spricht ihn an.)

Shankaras:

- Wer bist du und woher kommst du Fremder? Ich bin viel in unserem großen Land herumgereist aber so einen wie dich habe ich nie gesehen. (*Pause*) Oder vielleicht doch … aber nur als Abbild auf einen Stein gemeißelt, weit am Indus, in Richtung des Sonnenunterganges. Sag: woher kommst du und wie bist du so auf einmal erschienen!

Sokrates:

- Das ist mir auch rätselhaft. Ich komme aus Potidaia, aus dem Land der Griechen. Wir sind im Krieg; Griechen gegen Griechen und in der entscheidenden Kampf-pause habe ich mich zurückgezogen um nachzudenken.

Shankaras:

- Nachzudenken ist die einzige Lösung. Das muss man immer tun. Hört ihr Mönche? Nachdenken, wie ich euch immer sage, heißt unterscheiden und neue Verbindungen, also Kenntnisse finden. Indem man, wie die Vedanta sagt, nachdenkt, das heißt das Objekt des Denkens und die Gedanken selbst untersucht, befindet man sich auf dem Weg zu Brahman.

Sokrates:

- Verzeihe die Unterbrechung. Auch für mich ist das Unterscheiden unentbehrlich. Dass die Unterscheidung notwendig und unerlässlich für das Denken ist, das ist mir bekannt. Man muss doch die Dinge untereinander, den Namen von den Dingen, die Aussagen zwischen ihnen unterscheiden, um alles zu definieren, denn anders kann man zu keinen Erkenntnissen kommen. Aber warum braucht man die Unterscheidung unbedingt, um zum Sein, oder wie du sagst zu Brahman, zu gelangen?

Shankaras:

- Man untersucht dabei die Aussage der Worte. Was die Worte sagen, worauf sie sich beziehen, wie sie sich zu dem Bezogenen, d.h. zu dem so genannten Ding, verhalten. Man entdeckt damit die Begrenzung, die Bewegung, also den Anfang und das Ende, das Viele und das Eine. Das Eine ist Brahma, das Viele der Mensch und die Welt. Das Eine, Brahma, ist das, was immer ist, und die Welt, der Mensch, das was Anfang und Ende hat.

Sokrates:

- Brahman nennst du das Ziel deines Denkens. Wir nennen dieses Ziel anders; Gottheit, Sein, Nous. Im Grunde ist der Name dieses Ziels nicht wichtig. Wichtig ist seine Bedeutung, das, was dieser Name sagen will. So wie du sagst, wenn ich es richtig verstanden habe, ist auch für mich das Sein, der Grund von allem, was existiert.

Shankaras:

- Merkwürdig, Fremder. Du sprichst als würde ich selbst sprechen, obwohl du von irgendwo weither kommst und keiner von uns von dem anderen etwas wusste. Ich würde nur noch diesem Sein etwas hinzufügen. Es ist die Wahrheit. Es ist Erkenntnis. Es ist absolut. Es ist rein und besteht aus sich selbst. Es ist Freiheit. Es ist ewig, aber auch nie endende Freude. Es ist nichts anderes als der Atman. *(Pause)* Aber komm näher und setzt dich zu mir.

Sokrates: *(tritt in den Tempel ein und setzt sich neben Shankara)*

- Du erwähnst sehr wichtige Worte: Wahrheit, Erkenntnis, Freude, Freiheit, die auch für mich das wertvollste, was wir Menschen kennen, sind. Du sprichst aber auch von Atman. Dieses Wort kenne ich aber nicht.

Shankaras:

- Atman ist bei uns ein Jahrtausend altes Wort. Atman ist das Selbst.

Sokrates:

- Du meinst damit die Seele? Oder nicht?

Shankaras:

- In den alten Texten wird es so definiert: „Das Selbst ist das Seiende" oder „das Eine ohne Zweiheit". Das besagt, dass das Selbst das ist, was immer ist, das, was kein Zweites hat. Das will sagen, dass das Selbst reines Bewusstsein ist. Es liegt den Zuständen des Wachen, Träumen und des traumlosen Schlafes zugrunde. Es wird innerlich erfahren als ununterbrochenes Selbst-Bewusstsein, als das Bewusstsein von „Ich bin ich". Es ist der wandellose Zuschauer, der das Ich erfährt. Es ist das, was den Intellekt und alle anderen Sachen und Dinge in ihren verschiedenen Formen und Verwandlungen in Erscheinung bringt.

Sokrates:

- Wie kommt man zu diesen Aussagen

Shankaras:

- Durch die Unterscheidung. Die Tatsache der Erkenntnis zeigt uns einen Prozess zwischen einem Subjekt, nämlich ich, und einem Objekt, zum Beispiel einem Ding. Sie entsprechen der Vorstellung von dem Ich und dem Du, oder Nicht-Ich. Diese Vorstellungen sind so entgegengesetzter Natur wie Licht und Finsternis. Denn das Ich ist sich immer selbst gleich und das Objekt immer anders. Aber pass auf! Das Ich ist nicht im Sinne von dem Ich einer Person zu verstehen, sondern im Sinne des Betrachters im Allgemeinen.

Sokrates:

- Das heißt, wenn ich es gut verstehe, dass der Atman mehr als das eigene Ich ist, wie wir sagen würden, mehr als die eigene Seele. Ist es so?

Shankaras:

- Ganz richtig. Er ist das, was die Existenz des Ich ermöglicht, ohne sich jedoch mit ihm zu identifizieren. Er stellt im Grunde die Brücke dar, zwischen dem persönlichen Ich und dem Sein, das wir als Brahman bezeichnen.

Sokrates:

- Ja! Wenn man gut darüber nachdenkt, wäre diese Idee eine schöne Lösung in der Frage der Beziehung zwischen der Seele und dem Sein. Aber was für Beweise gibt es dafür, außer der Schönheit dieser Aussage und der Tatsache, dass sich alle ihre Komponenten widerspruchslos und klar zusammenfügen?

Shankaras:

- Man kann sagen, dass die Schönheit auch ein Beweis der Wahrheit ist. Ein Beweis ist aber auch der, den ich vorher nannte, nämlich der, des Prozesses zwischen Subjekt und Objekt. Die denkerische Beobachtung der Vorgänge im Ich steht aber als Beweis dafür.

Sokrates:

- Was meinst du damit?

Shankaras:

- Um die Wahrheit zu finden, unterscheidet das innere Auge die Vorgänge in der äußeren Welt, indem es das Bestehende von dem sich immer Wechselnden trennt. Ist es so?

Sokrates:

- Das ist richtig.

Shankaras:

- So unterscheidet auch das Auge des Denkens in der inneren Welt des Bewusstseins zwischen dem Immerbleibenden und dem ständig Wechselnden. Das Bewusstsein selbst erscheint im ersten Moment unter drei Formen, die ich schon nannte, nämlich des Wachens, des Träumens und des traumlosen Schlafens. Es können aber auch andere sein. Alle diese Formen wechseln untereinander und jede ist immer anders. Das, was immer selbst bleibt, und was sie auch ermöglicht, ist die pure Bewusstheit. Diese ist ständig da. Die Bewusstheit ist die Bedingung aller dieser Formen, die nichts anderes sind als Gestalten. Gestalten, welche die Bewusstheit in verschiedenen Momenten wahrnimmt.

Sokrates:

- Diese Erklärung scheint mir tatsächlich gut nachzuvollziehen. Wir erforschen auch die innere Welt, aber wir sind hauptsächlich bei dem Intellekt geblieben. Was diese pure Bewusstheit, wie du sie nennst, betrifft, sie kam uns nicht ins Blickfeld. Bei Zeus! Ihr seid uns im Bezug auf die Menschen doch etwas voraus. Ich dachte nicht, dass die Barbaren so weit kommen könnten.

Shankaras:

- Ja, gut! Danke für dieses Wort „Barbaren". Jetzt wird es mir klar. Es ist schwer zu höheren Gedanken zu kommen, wenn man sich selbst als der Beste glaubt, und die anderen als minderwertig betrachtet. So verhielt sich auch euer großer Trako-Grieche Alexander der Große, der Welteroberer, der die anderen Völker als minderwertig ansah. In der Rede mit den anderen Völkern benutzte er die Sprache des Säbels.

Sokrates:

- Das verstehe ich nicht und auch Alexander kenne ich nicht. Erkläre mir, warum wir nicht auf diesen Gedanken kommen konnten.

Shankaras:

- Sehr einfach. Weil der Atmangedanke nichts anderes sagt, als dass allen Menschen gemeinsam ein einziger Geist zugrunde liegt. Das heißt, dass alle Menschen gleich sind. Es gibt keine Barbaren, keine edlen oder ausgewählten Völker.

Sokrates:

- Es gibt also nur Wissende und Unwissende.

Shankaras:

- Und eine andere Folge dieser Lehre des totalen Unterschieds zwischen der Welt der Begrenztheit und der Unbegrenztheit ist, dass die Übertragung der Merkmale einer Welt auf die andere ganz falsch sind.

Sokrates:

- Willst du damit sagen, dass die Verwendung der Wörter wie Wahrheit und Ewigkeit in Bezug auf die körperliche Welt ganz falsch, sogar gefährlich sind?

Shankaras:

- Genau. Und was Atman betrifft muss ich dir noch etwas Wichtiges sagen: Atman ist nicht, wie manche meinen, die Seele, denn die Seele enthält die Persönlichkeit eines Menschen. Atman ist das Selbst, einfach der Betrachter von allem. So liegt der Wert eines Menschen, wie ihr Griechen meint, nicht in seinem Intellekt oder in seinem Reichtum oder in seiner Macht, also im Bereiche der von Menschen geschaffenen Bewusstseinsinhalte, sondern, wie Vedanta behauptet, in der Befreiung von allen diesen Bindungen.

Sokrates:

- Ich muss gestehen, eine schöne Idee, dieser Atman. Und ich sehe, du hast hier auch einige Anhänger. (*Pause*) So wie es aussieht, doch recht wenige. (*Pause*) Wie steht es mit der Gleichheit in deinem Land? Mit der Gleichheit zwischen den Menschen? Zwischen den Regierenden und den Regierten? Befinden sich die Menschen auf diesem Weg der Befreiung? Verrate es mir!

Shankaras:

- Oh Fremder. Wenn es so wäre, würde ich nicht mehr da sitzen und Vorträge halten. Seit Jahrtausenden wird Vedanta gepredigt und noch viele Jahrtausende wird sie noch gepredigt werden. Die Menschen werden jedoch weiter in der Unwissenheit bleiben, obwohl immer neue Prediger erscheinen werden. Das ist das Schicksal unserer Welt. Das weiß ich und … predige weiter.

(Man hört in der Ferne Schreie, Getöse, Brüllen der Elefanten, den Lärm einer Schlacht, die immer näher kommt. Kleine und dann immer größere Gruppen von Männer und Frauen mit Kindern stürmen in die Tempelanlage. Alle drängen sich nach vorn zum Altar und flehen den jungen Mönch um Hilfe an. Er steht auf und versucht sie zu beruhigen und fordert sie auf, sich zu setzten, Sokrates steht auf.)

<u>Shankaras:</u> *(zwischen den Beruhigungsworten zu Sokrates)*
- Wir haben auch Krieg. Unser Maharadscha ist im Krieg mit seinem Bruder um die Erbschaft. Immer mehr Macht, immer mehr Reichtum. Seit Jahren Krieg und die Bevölkerung muss mit Blut und Leid alles bezahlen.

<u>Sokrates:</u>
- Bei uns ist es dasselbe. Die Menschen sind überall gleich. Leider gleich im Schlechten. Ich werde mich trotzdem weiter für das Gute einsetzen.

(Eine Gruppe von Soldaten mit Säbeln in der Hand stürmt schreiend die Anlagen. Alle Menschen und auch die Mönche werfen sich zu Boden. Nur Sokrates und Shankara bleiben aufrecht stehen.)

<u>Soldaten:</u> *(brüllen)*
- Ihr zwei! Zu Boden oder ihr seid tot! *(Shankara setzt sich in den Yogasitz. Sokrates bleibt stehen. Wie freigelassene Tiger werfen sie sich auf ihn, schlagen ihn mit den Schildern auf den Kopf. Sokrates fällt zu Boden und schließt die Augen.)*

<u>Shankaras:</u>
- Ich bleibe auch dabei, Fremder. Lebe wohl!

(Das ganze Bühnenbild wird dunkel. Nach einigen Momenten wird es Licht. Sokrates sitzt wie am Anfang am Hang in Potidaia. Um ihn herum großes Getöse. Die Hopliten schreien im Chor. Zum Kampf, zum Kampf! Alkibiades stellt sich aufgerüstet auf dem Pferd vor die Armee, ermutigt die Truppe und brüllt):

Alkibiades:
- Die Hilfe ist da. Nach vorne! Der Sieg ist unser!

Alle Soldaten:
- Tot den Potidaier, den Verrätern! Tot den Verrätern! Ruhm Athen!! Es lebe Athen! Zum Sieg! *(Sokrates läuft als Soldat stumm mit)*

Vorhang

Akt 5

(Athens Marktplatz: viele Menschen, Männer, Frauen, Kinder, manche allein, andre zu zweit, zu dritt, in kleinen Gruppen, diskutieren, handeln, kaufen, verkaufen, preisen Waren an, verhandeln, zanken, lachen. Verkaufsstände, Bettler, Jongleure. Die Leute laufen hin und her, bleiben stehen, reden, gestikulieren. Viel Lärm. Sokrates läuft gelassen, bleibt manchmal stehen und spricht jemanden an, ohne eine Antwort zu bekommen. Er ist sehr dürftig angezogen. Nach zwei, drei ergebnislosen Versuchen ins Gespräch zu kommen, spricht er eine ältere Frau, die ihn schon länger beobachtete, an.)

Sokrates: *(zu einer älteren Frau, die abseits steht und die Leute und ihn schon einer Weile beobachtete)*
- Sei gegrüßt. Verzeihe, dass ich deine stille Betrachtung unterbreche. Deine Anwesenheit hier kommt mir seltsam vor. Was suchst du in diesem Trubel, der dir, wie es mir scheint, nicht am Herzen liegt? Oder suchst du nach jemandem?

Frau: *(nicht überrascht von der Frage)*
- Sei auch du gegrüßt, Sokrates. Du hast es wie immer gut getroffen. Der Lärm und das Nachlaufen nach Nahrungs- und Vergnügungsmitteln sind weit von mir entfernt.

Sokrates:
- Kennst du mich also?

Frau:
- Wer kennt dich wohl nicht in unserer Stadt. Ich habe mir manchmal gewünscht, mit dir zu sprechen, dich etwas zu fragen, aber hatte nicht den Mut, dich anzuhalten.

Sokrates:
- Das ist aber komisch. Sogar die Kinder halten mich an und fragen oder erzählen mir etwas, wenn sie nicht über mich lachen.

Frau:

- Die Kinder und die Narren sind viel ungezwungener. Wir Frauen sind es nicht.

Sokrates:

- Ja. Im Gespräch mit fremden Männern. Nicht aber mit dem eigenen Mann. Oder?

Frau:

- Ja, manchmal. Aber … wie man hört, ist dies auch bei dir zuhause der Fall. Nicht wahr?

Sokrates:

- Na, lassen wir das. In dieser Sache machen auch die Denker keine Ausnahme. Kommen wir aber zu dir. Was wolltest du mich fragen?

Frau:

- Etwas ganz wichtiges. Und sogar schon lange.

Sokrates:

- Es ist sehr richtig Fragen zu stellen. Das ist das Zeichen des Menschseins.

(in diesem Moment bleiben zwei Männer stehen und hören interessiert zu.)

Frau:

- Es freut mich, wenn du sagst, das wäre gut. Aber um ehrlich zu sein, ich verstehe nicht, warum es gut ist, Fragen zu stellen. Manche Fragen quälen einen. Diese, meine Frage, zum Beispiel, quält mich sogar sehr.

Sokrates:

- Du wirst, hoffe ich, bald verstehen. Zuerst aber, was für eine Frage wolltest du mir stellen?

Frau:

- Hast du tatsächlich Zeit für mich? Ich will dich nicht belästigen.

Sokrates:

- Fragst du noch? Sicher hast du doch gehört, dass ich ganz besessen der Wahrheit nachjage. Und die Wahrheit kann man nur im Gespräch mit den Menschen oder mit sich selbst finden. Das heißt, indem man den Fragen, die sich ergeben, nachgeht.

Denn nur wir Menschen haben dieses Wort „Wahrheit" und einen Sinn dafür entwickelt. Oder hast du so etwas bei den Katzen oder anderen Tieren beobachtet?

Frau:

- Natürlich nicht.

Sokrates:

- Also. Ich laufe überall herum, wo Menschen sind und bemühe mich, zusammen mit jedem, ohne Unterschied, die Wahrheit zum Ausdruck zu bringen.

(Ein dritter kräftiger, gut bekleideter Mann, in mittlerem Alter mit einem Bäuchlein kommt vorbei und bleibt stehen.)

Frau:

- Richtig tust du, meine ich. Denn die Wahrheit kommt zu kurz in unserer Welt.

Sokrates:

- Aber hast du dich gefragt, warum das so ist?

Frau:

- Gefragt? Warum? (*Pause*) Sicher, es gibt viele Frauen, die im Gespräch immer neue Fragen stellen. Das machen sie, um länger plappern zu können oder aus Neugier. Was mich betrifft: was bringen mir die Fragen? Ich frage mich doch auch nicht, warum mir niemand hilft, aus meinem Elend herauszukommen. Wenn ich mich fragen und die richtige Antwort erfahren würde, käme ich aus diesem Elend heraus? Werden die Menschen anders? Nein! Sicher nicht! Ich frage nur, wenn ich irgendwie meine, dass ich, oder jemand, mir eine richtige Antwort geben kann. Aber auch dann nur, wenn diese Antwort mir helfen könnte, meine schlimme Lage zu verbessern.

Sokrates: *(zu den Anwesenden)*

- Was sagt ihr dazu?

Der 1. Mann: *(der schon am Anfang des Gesprächs mit dem 2. Mann da war, jung, interessiert, athletisch)*

- Man kann sehr vieles darüber sagen.

Sokrates:

- Genau. Was meinst du aber, dass das Wichtigste bei ihrer Aussage ist?

Der 1. Mann:

- Na ja. Du stellst mir schon am Anfang eine sehr schwierige Frage. Jedoch indem du, der weise Sokrates, darauf eine Antwort verlangst, muss es für ein Gespräch über die Wahrheit sehr viel bedeuten.

Sokrates:

- Es muss nicht unbedingt so sein. Auch Sokrates kann fehlen. Die Wahrheit kommt nur durch Nachdenken zu Tage.

Der 3. Mann: *(selbstsicher, mit lauter Stimme)*

- Die Frau bringt alles durcheinander. Wenn die Wahrheit zu kurz kommen würde, wie könnten die Menschen etwas Beständiges, Wertvolles und Schönes, wie den Athenische Staat, den Parthenon und so weiter zu Stande bringen? Durch Lüge, Falschheit oder Unkenntnis?

Der 2. Mann: *(etwas älter als der 1. Mann, bescheidener angezogen als die zwei anderen, kräftig, Besitzer einer kleiner Töpferei.)*

- Die Wahrheit geht immer umhüllt umher. Nur ihre Hülle sieht immer anders aus.

Der 3. Mann:

- Auf der anderen Seite stellt die Frau selbst, wie sie auch sagt, manchmal Fragen. Warum? Um ein Nichtwissen oder ein falsches Wissen aufzuheben, also das Wahre zu erfahren? Nein. Keineswegs. Sondern um trotz einer lügnerischen, falschen Antwort etwas Nützliches zu erlangen.

Frau:

- Das ist nicht wahr. Ich liebe die Wahrheit. Am besten fühle ich mich, wenn die Menschen wahrhaftig sind. Aber, sind sie meistens so? Das wollte ich sagen.

Sokrates: *(zuerst zum 2. Mann)*

- Du hast etwas Wichtiges gesagt. So ist es. Die Wahrheit zeigt sich nicht von selbst. Sie wird durch Nachdenken und Prüfen gefunden. *(zu allen)* Jetzt zu meiner Frage, was das Wichtigste in der Aussage der Frau ist. Jeder von euch hat etwas

Richtiges erkannt. Jedoch kann nicht jede von euren Aussagen das Wichtigste sein, obwohl alle wichtig sind. Oder?

Alle:

- In keinem Fall.

Sokrates:

- Wie sollen wir also fortfahren, um dieses Wichtigste zu entdecken?

Der 2. Mann:

- Gehen wir von dem, was wir sicher wissen, aus.

Sokrates:

- Richtig. Zur Wahrheit kommt man nur, wenn man sich schon auf dem Weg der Wahrheit befindet. Anders gesagt: wenn der erste Schritt falsch ist, dann befinden sich die folgenden Schritte auf einem falschen Weg und die Wahrheit wird nie gefunden.

Alle:

- Schön gesagt. So ist es. Aber wie soll der erste Schritt den richtigen Weg finden?

Sokrates:

- Die Richtung der Schritte muss klar gewählt sein. Es geht um das Wichtigste. Also fragen wir weiter: was heißt das, das Wichtigste?

Der 3. Mann:

- Zuerst untersuchen wir, woher dieses Wort kommt und wann es benutzt wird. Das „Wichtigste" kommt vom Wort „wichtig". Es bezeichnet die höchste Steigerung seiner Bedeutung. Das Wort „wichtig" sagt allein noch nichts. Es weist immer auf eine Person, oder auf ein Ding hin. Es ist ein Bezugswort. Die Beziehung wird durch die Frage „wofür" erklärt. So ist das Wichtigste für diese Frau, das zu erfahren, was sie aus der schlimmen Lage, in der sie sich befindet, befreit.

Sokrates:

- Was du angesichts des Wichtigsten sagtest ist ganz richtig. Nämlich „das Wichtige" und „das Wichtigste" sind Antworten auf die Frage „wofür". Zurück aber zu meiner Frage. Sie bezog sich nicht auf das, was für die Frau am wichtigsten, sondern was das wichtigste in ihrer Aussage ist. Das ist etwas ganz Anderes. Das wollte ich von euch hören.

Der 2. Mann:

- Die wichtigste Aussage ist, meiner Meinung nach, dass zwischen Fragen und Leben eine enge Verknüpfung besteht.

Sokrates:

- Nämlich?

Der 2. Mann:

- Wie bei dem Wort „wichtig" so auch bei „Leben" müssen wir die Frage finden, die es uns verständlich macht. Bei dem Wort „wichtig" fanden wir die Frage „wofür". Bei „Leben" kann z. B. die Frage „wie" sein.

Sokrates:

- Also die Wie-Frage stellen.

Der 2. Mann:

- Genau.

Sokrates:

- Hat es aber in unserem Fall einen Sinn, die Wie-Frage zu stellen, also „wie ist das Leben?", wenn man nicht klar weiß, „was", (*betont*) eigentlich das Leben ist?

Die anderen:

- Es hat sicher keinen Sinn.

Sokrates:

- Also zuerst stellt man die Was-Frage; was ist das Leben? Oder?

Die anderen:

- Ja natürlich.

Sokrates:

- Wir haben schon etwas festgestellt nämlich die enge Verbindung zwischen Fragen und der Vorstellung vom Leben, die einer von euch schon angesprochen hat. Ist es so?

Die anderen ohne den 1. Mann:

- Das dürfen wir nicht vergessen.

Sokrates:

- Genau. Bevor man spricht, soll man nachdenken! Denn ohne die Klärung der Frage, was etwas ist, kann keine richtige Antwort von dem „wie" dieses etwas ist, ausgesagt werden.

Der 1. Mann:

- Für mich ist das nicht so klar. Wenn ich also nicht weiß, was mein Leben ist, aber spüre ständig Schmerzen, darf ich nicht sagen, dass mein Leben schmerzhaft ist?

Sokrates:

- Es ist falsch, wenn du sagst, dass du nicht weißt, was Leben ist. Denn, wenn man von einer Sache spricht, weiß man gerade dadurch etwas davon. Nur … ob das, was man davon weiß, richtig ist, das ist mehr als fraglich.

Alle:

- Gut gesagt. So ist es.

Sokrates:

- Machen wir uns demnach die Schritte bewusst, die das Denken in diesem Fall vollzieht, um zu sehen, ob nicht eine falsche Schlussfolgerung eintreten kann. Also: Die Aussage, „Was" das Leben ist, ist unbestimmt. Richtig dagegen ist die Aussage von dem, „Wie" das Leben ist. Darf in diesem Fall das Denken die Richtigkeit der Wie-Aussage auf die Was-Aussage übertragen?

Der 1. Mann:

- Am Anfang dachte ich, dass man dies kann. Jetzt weiß es ich nicht mehr.

Sokrates:

- Ich behaupte, dass das Denken das nicht darf. Ein Beispiel: du siehst etwas, aber du weißt nicht richtig, was es ist. Es könnte eine tote Schlange, ein Stock, ein Seil. Zum Schluss, unsicher noch, meinst du, es wäre eine tote Schlange. Ganz richtig siehst du aber, dass das Gesehene weiß ist. Dein Denken zieht jetzt den Schluss: die tote Schlange ist weiß. Ist diese Schlussfolgerung wahr, weil das „wie" von diesem Etwas richtig ist, oder falsch, weil das „was" dieses Etwas fraglich ist?

Der 1. Mann:

- Solange dieses Etwas keine Schlange ist, ist die Schlussfolgerung falsch.

Frau:

- Was für mich ganz wichtig ist, ist was ich spüre. Gedanken über das Leben mache ich mir nicht. Und ich fühle mich fast immer voller Leiden. Ich frage mich nicht, wie mein Leben ist, aber ich weiß ganz genau, ohne zu fragen, dass es schwer, sogar sehr schmerzhaft ist.

Sokrates: *(zu dem 2.Mann)*

- Was sagst du dazu?

Der 2. Mann: *(zu der Frau)*

- Ich sage nicht, dass du deinen Schmerz nicht spürst. Der Mensch erfährt manchmal oder sogar sehr oft Leid und Schmerz. Wenn der Schmerz vorkommt, dann ist er da und er ist dir bekannt. Das ist alles.

Sokrates:

- Ist es so? Denk nach! Nimmst du zuerst den Schmerz wahr, oder machst du dir zuerst Gedanken, wie dein Leben läuft?

Frau:

- Ich nehme immer etwas wahr. Natürlich manchmal klarer, ein andermal weniger klar.

Sokrates:

- Und an dein Leben denkst du auch so oft wie du Schmerz oder Freude fühlst?

Frau:

- An mein Leben denke ich selten, denn dadurch wird mein Leben noch schlimmer.

Sokrates:

- Was besagt das?

Der 1. Mann:

- Dass sich die Menschen, wie diese Frau hier, am meisten mit den Wahrnehmungen und Gefühlen und nicht mit großen Fragen wie Leben oder Wahrheit beschäftigen.

Sokrates: *(zu den anderen)*

- Ist es so?

Alle:

- Tatsächlich sieht es so aus.

Der 2. Mann:

- Leider.

Sokrates:

- Warum leider?

Der 2. Mann:

- Weil wir das Denken, nur um momentane Interessen zu verwirklichen, benutzen.

Der 3. Mann:

- Trotzdem, das ist der Zustand, in dem wir uns Menschen befinden. Und nicht nur in Athen ist das der Fall. Auch in Sizilien, in Ägypten, in Persien. Durch meine Reisen kann ich das bestätigen. Und wenn du Sokrates meinst, dass du mit deiner mäeutischen Kunst die Menschen zu mehr Denken, zur Vernunft, zum Selbst- und Wahrheitserkenntnis bringen kannst, irrst du dich gewaltig. Dein, für die meisten Menschen, unverständliches Verhalten wird diese Leute gegen dich selbst aufbringen .

Die anderen zwei Männer:

- Warum?

Der 3. Mann:

- Warum? Weil ihnen dieses Verhalten sehr fremd erscheint. Und was fremd ist, ist dem Menschen nicht vertraut. Ganz einfach.

Sokrates: *(zuerst zu dem 3. Mann)*

- Mein Denken und mein entsprechendes Verhalten setzen immer auf das Gute im Menschen. Im Namen des Guten spreche ich die Menschen an und fordere sie auf, sich entsprechend zu verhalten. Wenn ich deswegen zu leiden habe, spielt das keine Rolle. Das Überleben der Menschheit hängt von diesem Glauben an das Gute ab; nicht vom Festhalten an falschem Verhalten und zeitgemäßen Denkmustern. Dies zu verkünden, sehe ich als meine Aufgabe auf dieser Erde an.

Alle außer dem 3. Mann:

- Sehr schön. Die Vernunft spricht durch deinen Mund, Sokrates.

Der 3. Mann:

- Schön wäre es, tatsächlich. Nur … der Logos, die Vernunft, wird nur, ich wiederhole, nur von der Vernunft und nicht von den Leidenschaften und Trieben verstanden. Hier liegt die Schwierigkeit.

Sokrates:

- Ich gebe es zu. Es scheint so zu sein. (*Pause*) Also? (*kurze Pause*) Gibt es eine Lösung?

Der 1. Mann:

- Fragen, Fragen, Fragen und immer wieder Antworten. (*Pause)* Es scheint aber, wie du Sokrates auch erwähnt hast, als würde man durch Fragen zu Antworten kommen. Ist es so?

Alle: *(ohne Sokrates)*

- So ist es.

Sokrates:

- Gibt es nicht auch Fragen ohne Antwort?

Alle: (*zögernd)*

- Na ja. Schon.

Der 1. Mann:

- Wenn man zu keiner Antwort gekommen ist, erkennt man, dass es keine gibt oder dass man sie nicht finden konnte. Dadurch weiß man mehr als am Anfang. Es gibt also doch einen Erkenntnisgewinn.

Sokrates:

- Ja. Man weiß, dass man nicht weiß. Dadurch kommt man nicht zu neuen konkreten Erkenntnisvorstellungen, aber man weiß etwas mehr als vorher: man erkennt die momentane Grenze des Wissens.

Der 1. Mann:

- Genau. Man weiß, dass man noch etwas zu tun hat. Nämlich dass man weiter suchen muss, das heißt, dass man neue anders gestellte Fragen stellen muss. Und das ist etwas gewaltig Neues und Hoffnungsvolles.

Sokrates:

- Gratuliere! Dein Denkschritt hat deine These schon bewiesen. Was besagt das noch?

Der 1. Mann:

- Dass die Antworten, die wir durch Denken bekommen, uns doch zum Schluss zur erhofften Lösung bringen.

Der 2. Mann:

- Auch wenn man sich mit der schwierigen Frage beschäftigt, wie kann man durch Denken Triebe und Leidenschaft beherrschen?

Der 1.Mann:

- Auch dann. Oder, was meinst du Sokrates?

Der 3. Mann: *(zu dem 1. Mann)*

- Du bist ein Optimist. Die Erfahrung spricht aber eine andere Sprache. Und sie ist der wahre Richter. Habe ich nicht Recht, Sokrates?

Sokrates: *(zu dem 3. Mann)*

- Du hast zwei Sachen angesprochen. Was die Erfahrung betrifft stimme ich im Großen und Ganzen zu. Sie ist ein strenger und gerechter Richter. Aber was das Denken betrifft, bin ich nicht deiner Meinung. Das Denken kann sehr viel leisten. Mein Leben kann als Beweis dazu stehen.

Der 3. Mann: *(zu Sokrates)*

- Du bist eine Ausnahme. Dadurch auch keineswegs ein Beweis dafür. Denn eine Ausnahme von einer Regel beweist nicht, dass die Regel nicht stimmt.

Sokrates:

- Eine Ausnahme bin ich nicht. Darüber hinaus ist das Wort „Regel" hier nicht am richtigen Platz. Meine Art zu leben zeigt etwas Anderes, nämlich eine Möglichkeit, ich wiederhole, eine Möglichkeit, wie das Leben gelebt werden kann. Das heißt, sie zeigt, wie das Denken das Leben des Menschen beeinflussen kann. Nur in diesem Sinne ist es ein Beweis.

Der 3. Mann:

- Wenn es so ist, warum können nur so wenig Menschen diese Möglichkeit in Anspruch nehmen?

Sokrates:

- Das ist nicht schwer zu verstehen. Einfach, weil es nicht leicht ist, das zu tun, was man tun muss.

Der 3. Mann:

- Und was muss man tun?

Sokrates:

- Erstens: das Denken muss selbständig bleiben. Zweitens: es darf langsam verfahren, das heißt die Zeit als Helfer gewinnen. Anders gesagt: Geduld beweisen.

Der 1. Mann:

- Was meinst du mit, „das Denken muss selbständig bleiben".

Sokrates:

- Das Denken soll sich als Diener des Lebens verstehen und nicht als Diener anderer kleinerer Interessen. In diesem Sinne soll sich das Denken die Erkenntnis der Wahrheit als Ziel setzen. Denn das Leben erfüllt seinen geistigen Sinn nur Hand in Hand mit der Wahrheit.

Der 3. Mann:

- Es tut mir Leid, aber so ein Leben nur im Dienste der Wahrheit sieht sehr langweilig aus. Und darüber hinaus fehlt diesem Leben jede Spontaneität.

Der 2. Mann: *(zu dem 3. Mann)*

- Es scheint, dass für dich Leben nur Trieb und Leidenschaft ist, das heißt Spontaneität, und damit auch Raub und Mord und alle diese schönen spontanen Begleiterscheinungen.

Der 3. Mann:

- Für mich, und nicht nur für mich sondern für alle Menschen, ist Leben Gefühl; und das Gefühl ist spontan. Gefühle sind aber nicht nur negativ, wie du sie beschreibst, sondern auch sehr positiv. So zum Beispiel Liebe, Mitleid, Begeisterung und so weiter. Etwas sehr Schönes. Oder nicht?

Sokrates:

- Auch in dieser Antwort steckt eine Wahrheit. Oder? Was sagt ihr?

Der 1.Mann:

- Schon. Nur ...

Sokrates:

- Was willst du damit sagen?

Der 1. Mann:

- Alles Besagte über das Leben stimmt. Leben ist Spontaneität. Es zeigt sich aber unter verschiedenen Formen. Diese sind sehr unterschiedlich und manchmal konträr. Darüber hinaus Leben ist etwas Umfassendes, in ständiger Bewegung. Es kann sich also nicht gleichzeitig als Liebe oder Hass oder was auch immer zeigen. Darum, um das Leben zu bestimmen, muss man das Gemeinsame aller dieser Arten finden.

Sokrates:

- Richtig. Die Frage ist aber: wie soll man das tun? Was braucht man dafür?

Alle:

- Man muss das Leben in all seinen Formen im Auge haben.

Sokrates:

- Also man soll das Leben achtsam beobachten. Aber wann? Manchmal oder immer wieder? Und das, was ich als Leben bezeichne, ist es dasselbe wie das, was du, er und so weiter als solches versteht? Was heißt also Leben? Und was besonders wichtig ist: womit soll man das alles untersuchen?

Alle:

- Uff! Wieder neue Fragen. Warum so viele Fragen? Kann man nicht ohne so viel Fragerei zur Erkenntnis kommen?

Sokrates:

- Habt ihr nicht selbst eben Fragen gestellt? Warum, wenn ihr die Fragen nicht als angebracht versteht?

Alle:

- Na! Du hast uns bloßgestellt.

Sokrates:

- Kann man eine Lehre daraus ziehen?

Der 1. Mann:

- Ich glaube schon.

Sokrates:

- Welche?

Der 1. Mann:

- Ohne Fragen keine Erkenntnis.

Sokrates:

- So würde ich es auch sagen. Und jetzt zurück zu meinen letzten Fragen. Der Reihe nach. So ist es auch leichter zu beantworten. Einmal in Bezug auf die Beobachtung. Was sagt ihr?

Der 2. Mann:

- Um richtig untersuchen zu können, muss man, wie du erwähnst hast, die Zeit als Verbündete haben. Das heißt also; ständig beobachten.

Der 3. Mann:

- Alles was in dieser Welt ist, wird von der Zeit getragen. Wie kann man sich also die Zeit zu einem Verbündeten machen?

Der 1. Mann:

- Die Antwort wäre: konsequent die Sache ins Auge fassen. Und diese Konsequenz wie ist sie zu erreichen? Nur mit Denken, denn die Gefühle, die Triebe, Leidenschaften und so weiter kommen und gehen. Nur das Denken hat die Kraft, sich kontinuierlich mit etwas zu beschäftigen.

Sokrates:

- Ganz richtig! Du gefällst mir. *(z den anderen)* Seht ihr. Jetzt habt ihr ein Beispiel, wie man mit Fragen zu richtigen Antworten, zur Wahrheit kommt. Nun aber kommen wir wieder zurück. In unserer Untersuchung haben wir einen wichtigen Schritt nach vorne gemacht, indem wir darüber ins Klaren gekommen sind, was Beobachtung heißt und wie sie zu bewerkstelligen ist.

Der 2. Mann:

- Wir haben von einer Sache gesprochen, dem Leben, oder?

Alle:

- Ja sicher, Was sonst?

Der 2. Mann:

- Und warum reden wir über das Leben?

Alle: *(ohne die Frau)*

- Um zu erfahren, ob der Mensch sein Leben gestalten kann.

(eine kurze Pause. Alle schauen auf die Frau, die stumm bleibt.)

Sokrates: *(zu der Frau)*

- Dein Schweigen sagt mir, dass du anderer Ansicht bist. Ist es so?

Die Frau:

- So ist es.

Sokrates:

- Behalte sie nicht nur für dich!

Die Frau:

- Ich stelle mir keine Fragen, die mir nichts bedeuten.

Sokrates:

- Das ist richtig. Diese Frage aber ist sehr wichtig für jeden Menschen. Warum? Weil indem wir sie uns stellen, können wir selbst unser Leben eigenständig bestimmen.

Die Frau:

- Das glaube ich nicht. Meine Erfahrung sagt mir, dass wenn ich darüber nachdenke, dann fühle ich mich noch mehr von meinem Leben erdrückt und voller Schmerz.

Der 3.Mann:

- Irgendwie hat die Frau Recht. Das Leben ist, wie man es erfährt. Durch Hinter-fragen nimmt man es noch näher wahr. Wenn es einen schmerzt, wird es noch schmerzhafter.

Sokrates:

- Bleiben wir dabei. Denken wir ein wenig nach.

Der 3. Mann:

- Was kann man hier viel nachdenken?

Sokrates:

- Leben heißt nicht nur Erlebnisse haben.

Die Frau, der 3.Mann:

- Was sonst?

Sokrates:

- Ein Topf, zum Beispiel, ist er nur der Topf selbst, den man sieht?

Alle:

- Sicher, was denn noch?

Sokrates:

- Kann es ohne den Gedanken und die Arbeit des Töpfers einen Topf geben?

Alle:

- Das nicht. Aber der Topf ist trotzdem alleine da.

Sokrates:

- Für das Auge des Körpers, ja. Aber für das Auge des Geistes nicht. Wenn ihr zum Markt geht, um Töpfe zu kaufen, dann versucht ihr zugleich zu erfahren, wer den Topf gemacht hat. Wenn ihr den Namen des Topfherstellers erfahrt, wird der Topf wertvoller. Aus diesem Grund prägt der Töpfer, der von sich etwas hält, sein Zeichen auf sein Werk. Ihr kennt das, oder?

Alle:

- Ja, das ist wahr. Aber im Falle des Lebens, wer ist der Töpfer und was ist der Topf?

Sokrates:

- Denkt nach!

Der 1. Mann:

- Ich vermute, dass der Töpfer das Leben und der Topf eines der Lebenserlebnisse ist. Ist es so?

Sokrates:

- Genau.

Der 3. Mann:

- Ich verstehe nicht. Sind die Erlebnisse nicht zugleich das Leben?

Der 2. Mann:

- Wieso verstehst du nicht? Ist für dich Eins gleich Vieles?

Der 3. Mann:

- Du meinst das Leben ist ständig nur Leben aber die Erlebnisse sind immer wieder anders, obwohl sie doch nur Leben sind und nicht Tod oder Erde oder Himmel oder was noch? (*Pause*) Ah ja! Jetzt verstehe ich.

Sokrates:

- Endlich kommen wir zu der Bestimmung des Lebens. Um es kurz zu fassen: Leben ist das, was das Denken, auf die Frage was aller Erlebnisse gemeinsam ist, offenbart. Seid ihr einverstanden?

Alle:

- Ja.

Sokrates:

- Und was offenbart das Denken hinsichtlich dieser Frage? Haben wir eine Antwort gefunden?

Alle:

- Wir befinden uns nur auf dem Weg. Zuerst mussten wir andere wichtige Fragen, die entstanden sind, beantworten.

Der 1.Mann:

- Der Weg erweist sich nicht als leicht. Es tauchen immer neue Fragen auf.

Sokrates:

- So ist es. Es entstehen immer neue Fragen. Lassen wir aber jetzt die Beantwortung dieser Fragen einmal ruhen. Kehren wir zu meiner Frage zurück, die nicht beantwortet wurde. Nämlich: Was ist also das Wichtigste in der Aussage der Frau am Anfang unseres Gesprächs? (*Pause*) Um doch einen Gewinn von unserem Gespräch zu erlangen nur noch eine Schlussfrage: Obwohl wir zu keiner klaren und konkreten Antwort gekommen sind, haben wir nicht wenigstens eine neue Erkenntnis über das, was Leben ist, gewonnen?

(*nach einer kurzen Pause*)

Der 2. Mann:

- Wenn ich mich gut besinne schon; die Erkenntnis, dass das Leben eine Sache des Erlebens ist.

Der 1. Mann:

- Genau. Nicht von diesem und jenem Erlebnis sondern von dem Erlebnis als solches.

Die Frau:

- Ja. Ich würde sagen, dass man fühlt, dass man etwas tut und so weiter und gleichzeitig, dass man darüber alles weiß.

Sokrates:

- Gut beobachtet. Können wir also sagen, dass das Leben die allgemeine Sache des Fühlens, des Handeln und des Wissens darüber ist? Und indem man einen Schritt weiter macht; das Leben ist eine Sache des Seins und nicht des Nicht-Seins.

Alle:

- Das ist es! Schön und klar ausgedrückt, Sokrates!

Sokrates:

- Nun zurück zum Thema, was das Wichtigste in der Aussage der Frau ist!

Der 1.Mann:

- Das Wichtigste ist, meiner Meinung nach, dass durch das Gesagte eine sehr innige Verbindung zwischen Fragen und Leben zur Aussprache kommt.

Der 3. Mann:

- Das schon. Aber das, was die Frau sagte, bringt noch die Tatsache zum Ausdruck, dass die personellen Wünsche die Verbindungen zwischen Fragen und Leben durcheinander bringen.

Der 2. Mann:

- Sie meinte, dass das Fragen im Dienste des Wissens steht und Wissen selbst einen Sinn hat, wenn dadurch das Leben lebensfreudiger wird.

Die Frau:

- Ich glaube, ich weiß am besten, was ich sagen wollte. Und das, was ich sagen wollte, war in dem Augenblick das wichtigste für mich.

Sokrates:

- Und was war das?

Die Frau:

- Ich sprach aus meinem ganzen Herzen. Ich sprach die Wahrheit über mich selbst und wie ich schon vorhin bemerkte, ist die Wahrheit, das, was ich am meisten liebe.

Sokrates: *(zuerst zu der Frau)*

- Es ist schön und lobenswert, was du sagst. Und es wäre noch schöner, wenn alle Menschen so denken und sich auch so verhalten würden. *(zu den anderen)* Dass dies nicht der Fall ist, wisst ihr sicher. Darum versuchte ich während meinem Aufenthalt auf dieser Erde zu bewirken, dass die Wahrheit bei den Menschen Fuß fasst.

Alle:

- Alle deine Freunde und Schüler wissen das und sind davon überzeugt. Darum sind auch wir stehen geblieben und wollten mit dir reden.

Sokrates: *(an alle)*

- Sie machen mir Mut, weiter zu machen. Kommen wir aber zurück zu dem, was wir gesprochen haben. Jeder von euch hat etwas als das Wichtigste bezeichnet, Dieses Gefundene ist jedoch verschieden, obgleich es sich immer auf dieselbe Wirklichkeit bezieht. Das zeigt einmal die Verschiedenheit der Blickpunkte, aus denen dasselbe Thema gesehen werden kann. Warum das so ist und was für neue Erkenntnisse eine weitere Untersuchung bringen wird, lassen wir jetzt Beiseite.

Alle:

- Warum denn? Es ist doch sehr nützlich durch Gespräch neue Erkenntnisse zu entdecken.

Sokrates:

- Es freut mich, dass ihr zu diesem Schluss gekommen seid. Die Zeit vergeht aber und ihr seid nicht hierher gekommen, um Gespräche zu führen, sondern verschiedene Sachen zu erledigen. Bevor ihr diesen Sachen nachgeht, versuchen wir der Frau zu helfen, ihre am Beginn gestellte Frage zu beantworten. *(an die Frau)* Ich hoffe, dass du erkannt hast, wie wichtig es ist, nach innen zu gehen, um durch den Weg des Fragens und Antwortens Klarheit und seelische Zufriedenheit zu erlangen.

Die Frau:

- Danke Sokrates. Du hast mir jetzt die Möglichkeit gezeigt, diesen Weg zu betreten. So finde ich Hilfe in mir, um aus Bedrängnissen herauszukommen. Danke noch einmal.

Sokrates:

- Nichts zu danken. Ich tue nur meine Pflicht. Das ist alles. Und indem ich das tue, werde ich auch belohnt. Denn Hilfe zu leisten, schenkt mir große Freude.

Die Frau:

- Durch dieses Gespräch merke ich etwas ganz Neues in mir, nämlich innere Stärke. Auf diesem von dir eröffneten Weg zu gehen, schenkt mir viel Mut. Ich habe jetzt keine Angst mehr über meine Nöte und Fragen zu reden. *(Pause)* Die Frage, die ich dir am Anfang stellen wollte und mich seit langem verfolgt, bezieht sich auf mein Leben. Ich habe mich immer gefragt, warum ich so ein schlimmes Schicksal habe, obwohl ich nichts Schlechtes getan und auch allen Vorschriften der Priester gefolgt bin.

Alle:

- Was heißt für dich ein schlimmes Schicksal?

Frau:

- Nun kurz. Mein Leben war schwer. Wir, mein Mann und ich, haben uns lang bemüht etwas zu schaffen. Wir hatten durch harte Arbeit auch etwas erreicht und auch zwei Söhne groß erzogen. Dann wurde mein Mann krank und starb an der Seuche während des Krieges. Bald danach fielen auch meine zwei Söhne als Hopliten in diesem schlimmen Krieg gegen Sparta. Jetzt stehe ich allein und arm da und frage mich: was für einen Sinn hat mein ganzes Leben gehabt? Alles wofür ich mich gequält habe, ist verschwunden. Mein tüchtiger Mann hat nach den Vorschriften der Priester gelebt und ist noch ziemlich jung an der Pest gestorben. Meine Söhne haben Zeus und die Göttin Athen und alle andere Götter geehrt. Sie haben für Athen gekämpft. Für diese Stadt haben sie ihr Leben gelassen. Sind die Götter ohne Mitleid? Oder nicht einmal gerecht? Oder ist das Leben selbst ohne Sinn und schwebt irr wie Pflanzensamen im Wirbelwind? Um diese Frage kreisen sich alle meine Gedanken. Verstehst du?

(während die Frau spricht, beginnt Sokrates mit kleinen Schritten hin und her zu laufen. Er ist tief ergriffen. Immer mehr Menschen sammeln sich um ihn herum)

Sokrates:

- Bei Zeus. Du sprichst eine der schwierigsten Fragen der Menschen an. Man kann verschiedene Antworten darauf geben. Keine befriedigt aber den Gerechtigkeitssinn des Menschen.

Alle: *(auch die anderen, die gekommen sind)*

- Was würdest du darüber sagen?

Sokrates:

- Die Frage nach dem Sinn des Lebens ist nicht nur schwierig zu beantworten, Sie ist auch die, welche das Leben des Menschen gestaltet. *(zu der Frau)* Du merkst selbst. Als du dir diese Frage noch nicht gestellt hast, war alles in deinem Leben, die Arbeit, dein Mann, deine Kinder und was immer, schön, oder voller Hoffnung; das heißt dein Leben war so, wie es bei den Menschen üblich ist. Auch die Götter waren barmherzig. Wenn man sie brauchte, konnte man in Verbindung mit ihnen treten, mit der Hoffnung auf Hilfe. Als sich deine Lage geändert hat, verdüsterte sich alles und quälende Fragen ließen dich nicht mehr los. Du hast den Boden verloren; kein Ausweg war in Sicht. Ist

Frau: *(tief betrübt)*

- Genau so ist es. Keine Lebenslust, keine Freude. Sogar keinen Wunsch mehr. Ich lebe, aber ich bin schon Tod. Um mich herum, nur Nebel, nur Glatteis. *(sie schreit)* Ich bin irr! *(lange Pause. Dann etwas beruhigter).* Verstehst du das, Sokrates?!

Der 3. Mann:

- Frau. Du bist krank. Geh zu den Ärzten! Wenn du sie nicht bezahlen kannst, muss das die Stadt für dich tun. Du hast doch zwei Söhne im Kampf für Athen verloren. Oder geh zu den Priestern. Mit Gebeten können sie dich beruhigen.

Der 1. Mann: *(zuerst zu dem 3.Mann, aufgeregt)*

- Hei! Wie sprichst du mit dieser armen Frau? Hast du kein Mitgefühl? Verstehst du überhaupt nicht ihre Lage? Hast du in deinem Leben nur Fett und Geld angehäuft? *(zur Frau)* Gut, dass du dich an Sokrates wendest. Das ist das Beste, was du machen kannst. Damit hast du nicht ganz die Hoffnung verloren. Sokrates ist vielleicht der einzige, der trotz deiner schlimmen Lage im Stande ist, dir zu helfen.

Der 2. Mann: *(zu dem 1. Mann)*

- Das glaube ich nicht. So eine schwermütige Stimmung kann nicht beseitigt werden. Am wenigsten mit Worten. Das Wort ist sehr wichtig für uns Menschen. Es überbewerten, ist jedoch ganz falsch.

Frau: *(hört immer aufmerksamer dem Wortwechsel der Männer zu. Dann zuerst schüchtern, nachher immer selbstsicherer.)*

- Kaum zu glauben. Ich, arme und vom Schicksal geplagte Frau, soll die Aufmerksamkeit anderer und sogar so gebildeten Menschen erwecken? So etwas ist mir noch nie passiert. Kaum zu glauben!

Sokrates: *(zuerst zur Frau, dann an alle)*

- Du siehst doch. Kaum zu glauben, meinst du, aber das ist doch eine Tatsache. Warum meint ihr, dass sie in diesem Zustand gekommen ist?

Der 3. Mann :

- Einfach. Weil sie krank ist. Und die Krankheit ist immer eine Gefahr nicht nur für sie, sondern auch für uns alle, für die Stadt.

Sokrates:

- Wie meinst du das?

Der 3. Mann:

- Die Krankheit kann ansteckend sein. Für das Wohl der Stadt muss also die Frau gesund gemacht werden. *(richtet sich zum 1. Mann und spricht ihn an).* Siehst du also, dass ich auch Mitgefühl für die anderen habe und „häufe" nicht, um dieses pöbelhafte Wort zu verwenden, allerlei nur für mich an. Wenn ich diese Ansteckungsgefahr anspreche, *(wieder den 1. Mann anvisierend)* denke ich auch an das Wohl der anderen.

Der 1. Mann: (*ironisch*)

- Ja. Ein toller Mensch bist du. Du denkst nur an das Wohl der Gemeinschaft. Auch dein Fett und das Geld, von dem du scheinbar viel besitzt, hebst du auf (*betont*), nur damit es der Stadt besser geht. So ist es. Entschuldige mein Unverständnis!

Sokrates:

- Lassen wir den Hohn beiseite! Jetzt ist es angebracht bei der Sache zu bleiben. Kommen wir also wieder zu meiner Frage zurück. Warum ist sie auf einmal Gesprächsstoff geworden, nachdem jahrelang niemand nach ihr gefragt hat? Eine Erklärung hörten wir schon.

Frau:

- Ich weiß nicht, mein guter Sokrates, ob ich antworten darf. Bis jetzt habe ich so etwas noch nicht erlebt. Kein Mensch hatte für mich Zeit in dieser regen und nach Gewinn strebenden Stadt. Vielleicht weil ich ihnen nichts anbieten konnte.

Sokrates:

- Nicht schlecht. Das kann wohl ein Grund sein. Was sagt ihr?

Der 2. Mann:

- Vielleicht hat sie nichts unternommen, um ihre Lage zu verbessern und ihre schmerzliche Stimmung zu überwinden. Mir ist es auch nicht leicht gegangen in den letzten Jahren. Ich kam allein nach Athen aus Thessalien. Ich wollte mir eine bessere Zukunft schaffen und brachte nur meine Kunst mit. Mit Hilfe der Götter, durch Fleiß und Selbstvertrauen, habe ich es in kurzer Zeit zu etwas gebracht.

Eine Frauenstimme:

- Sehr vielen Frauen geht es ähnlich hier in Athen. Und nicht nur hier. Die Frauen und besonders die Witwen haben ein schweres Leben in dieser Welt.

Viele Frauenstimmen: (*im Chor*)

- Ja! Ja! Genau so ist es! (*die Stimmen werden lauter dann manche vorwurfsvoller, andere aggressiver; Mit Pausen dazwischen*) Wer denkt an uns? Wer hat Mitleid mit uns? Wer, wer?! *Immer mehr ältere Frauen schließen sich an und übernehmen die Repliken*) Die Frauen sind gut solange sie jung und schön sind! Solange sie stark sind und arbeiten können! Wer fragt sie, ob sie noch können?! Wer, was sie eigentlich wollen!? Wer, wer?! Liebe?! Ehre?! Das sind nur schöne Worte. Von Dichtern benutzt, um die Amphitheater voll zu bekommen und Ruhm zu erlangen! Was die Männer lieben, sind schöne Frauen. Was sie ehren sind schöne Göttinnen, wie Athene, Aphrodite, von Männern gemeißelt. Von wem sollen wir Hilfe bekommen?! Von wem?!

Männerstimmen:

- In Übertreibungen seid ihr unbesiegbar, ihr Weiber! Es ist doch in Athen Pflicht der Kinder, die Eltern zu versorgen. Und die Mütter der gefallenen Hopliten werden von der Stadt im Prytaneion versorgt. Vielleicht nicht entsprechend ihrer Wünsche, aber doch. Und wenn es Frauen gibt, die in ihrem Leben mehr den Vergnügungen nachgelaufen sind als Kinder zu zeugen und großzuziehen, daran ist nicht die Stadt schuldig.

Frauenstimmen: *(manche laut, manche schreiend)*

- Ihr habt immer Recht, ihr Männer. Solche Kinder wie ihr würden wir uns schämen zu haben! Pfui! Solche Männer wie ihr, die vor der Wahrheit die Augen verschließen, haben kein Recht in der Ratsversammlung zu sitzen. Schämt euch!!

Sokrates: *(zu den Leuten, die sich angesammelt haben. Besänftigend.)*

- Nur mit der Ruhe! Wir wollen der Wahrheit näher kommen. Oder?

Frauen- und Männerstimmen: *(durcheinander und laut, manche schreiend)*

- Was wir sagen ist doch wahr! *(Wiederholungen)*

Die drei Männer und die Frau:

- Eben darum sind wir hier geblieben, um von dir auf diesem Weg begleitet zu werden.

Sokrates:

- Wie es aussieht, haben sich inzwischen drei Meinungen gebildet. Zwei meinen, die Wahrheit schon zu kennen. Nun, wie wir alle wissen, hat die Wahrheit ein einziges Gesicht. *(kurze Pause)* Die dritte nimmt an, sich auf dem Weg zur Wahrheit zu befinden. Also: welche von diesen dreien hat Recht?

Männer- und Frauenstimmen: (*noch lauter, aggressiver*)

- Wir, wir ‚wir!!!!

Sokrates:

- Bitte! Bitte! Wir befinden uns jetzt auf der Suche nach der Wahrheit und nicht nach politischer Macht. Daher sind Schreie und Gefühlsausbrüche fehl am Platze.

(*immer mehr Menschen schließen sich an. Diese fragen die Aufgewühlten, was los ist.*)

Frauen- und Männerstimmen:

- Sokrates und seine Schüler wollen uns den Mund verschließen. Sie haben keinen Sinn für die freie Meinung, Athen ist die einzige Stadt in der Welt, wo die Bürger ihre Meinung aussprechen dürfen. Macht dass ihr weg aus Athen kommt! Solange es noch nicht zu spät ist!

Sokrates: (*zu der Frau und den drei Männern*)

- Philosophie kann nur dort gedeihen, wo Ruhe und Vernunft herrschen. Kommt! Wir haben zu viel Zeit hier verbracht. Jeder von uns wird sicher zuhause von jemandem erwartet. Ich weiß schon, Xantippe wird mir den Kopf voll reden, weil ich ihr die Eier nicht rechtzeitig gebracht habe.

Frauen- und Männerstimmen: (*schreiend, lachend, durcheinander*)

- Geh Sokrates! Geh ganz schnell. Dein Platz ist bei Xanthippe! Wir brauchen keine Diktatur! Auch nicht der Vernunft! Lauf schnell zu deiner Herrin, du komisches Männlein mit deiner Silenengestalt. Fühlst du dich unter ihrer Tyrannei wohl? Wir nicht unter deiner. Auch wenn du den Tyrannen, Vernunft nennst! Dein Platz ist nicht hier!

(*Sokrates verlässt betrübt die Szene gefolgt von der Frau und den drei Männern. Er verschwindet in der Menge.*)

Vorhang

Akt 6

(Zuhause bei Sokrates. Ein länglicher Wohnraum. In der Mitte zwischen den Dächern eine Lichtöffnung. Darunter ein kleines Becken, das das Regenwasser von den vier Dächern aufnimmt. Seitlich Türen, die zu kleinen Zimmern Bibliothek, Toilette, Vorratszimmer, Küche usw. führen. Die Tür hinten führt zu einem kleinen Garten. Rechts ein einfacher rechteckiger Holztisch mit hölzernen Stühlen. Links eine hölzerne Treppe, die in den ersten Stock führt.
Einige Büsten von Sokrates gemeißelt stehen zerstreut im Raum auf hölzernen Gestellen. Sokrates kommt aus der Bibliothek mit einer Rolle in der Hand, setzt sich neben das Becken, wo mehr Licht ist, und fängt an zu lesen. Xanthippe kommt aus der Küche heraus.)

Xanthippe: *(verstimmt)*

- Was soll ich noch sagen? Der Herr des Hauses steht früh am Morgen auf, fragt kurz, wie ich geschlafen habe, isst schnell etwas, schaut nicht einmal, was seine Söhne machen und ist gleich weg. Sehr schön! Nicht wahr?

Sokrates:

- Was willst du damit sagen?

Xanthippe: *(macht zwei Schritte in seine Richtung, bleibt stehen. Wird nervös.)*

- Weißt du denn nicht? Ist es so schwer zu verstehen? Denk nach, würdest du sagen. *(kurze Pause)* Na! Hast du nachgedacht? Überall rühmen die Menschen deine Klugheit. Sogar Pythia sagt, du bist der weiseste Mann Griechenlands. Sie sollten dich jetzt sehen. Sie würden ihre Meinung blitzschnell ändern. *(längere Pause. Ihre Finger beginnen zu zittern.)* Ich höre nichts!

Sokrates:

- Ruhig, ruhig! Ruhe bewahren! Ohne Ruhe kann man kein Gespräch führen.

Xanthippe:

- Jetzt habe ich keine Zeit für Gespräche. Bald sind die Kinder da und wollen essen.

Sokrates:

- Warum machst du dann nicht weiter? Was möchtest du eigentlich? Ich verstehe nicht.

Xanthippe:

- Du verstehst nicht. Genau. Das merke ich immer wieder. Du verstehst alles, aber mich verstehst du nicht. Schau! Ich bin ganz ruhig (*fängt an ganz knapp und jedes Wort betont zu sprechen*). Glaubst du nicht, dass die Frau in der Ehe auch von ihrem Mann unterstützt werden muss? Bitte antworte!

Sokrates:

- Sicher weiß ich das. Die Ehe ist das einzige Zusammenkommen von zwei Menschen unterschiedlichen Geschlechts, die das erfolgreiche Weiterkommen der Gesellschaft ermöglicht.

Xanthippe:

- Lass diese gezierte Erklärung! Vielleicht wird sie von deinen Verehrern sehr hoch geschätzt. Auf mich wirkt sie aber nicht. Für mich ist die Ehe etwas ganz Fassbares. Ein Zusammensein von zwei einmal Verliebten -nicht so wie bei uns-, von zwei voneinander eine Weile begehrlich Angezogenen -für uns auch nicht ganz passend-, oder als der nützliche Bund von zweien, die sich manchmal mögen.

Sokrates:

- Nicht schlecht diese kurze Darstellung der Arten (*das Wort „Arten" betont*) der Ehe. Etwas hast du von mir doch gelernt, obwohl du so gegen meine belehrende Tätigkeit bist. Das zeigt, dass meine Bemühungen auch auf Unwillige wirken. Eine tröstliche Feststellung für mich.

Xanthippe: (*einen Moment schockiert. Kurze Pause, danach einige Schritte in seine Richtung. Vor ihm bleibt sie stehen. Kämpft innerlich mit zwei Gefühlen: Mitleid und Zorn.*)

- Du drehst alles zu deinen Gunsten. Kannst du dir nicht auch vorstellen, dass ich allein, durch meine eigene Beobachtung, zu diesen Gedanken gekommen bin? Ich als Frau kann auch selbständig denken. Merkwürdig, nicht? *(kurze nachdenkliche Pause. Leicht besorgt)* Nur ... etwas klingt seltsam bei dir. Was meinst du mit „tröstlicher Feststellung"? Zweifelst du an dir selbst? An dem Sinn deiner großen Liebe, deiner Lehrtätigkeit? Was ist denn auf einmal mit dir los?! *(Sokrates antwortet nicht. Pause. Ihre Stimmung wechselt wieder)* Meine Einstellung zum Leben scheint doch die wahrste zu sein. Nicht? *(ironisch)* Männliche Vernunft weicht vor weibliche Eingebung! Bist du bereit, von deinem hohen Ross abzusteigen?

Sokrates: *(beginnt mit kleinen Schritten hin und her zu gehen)*

- Du überschwemmst mich mit Meinungen und wechselnden Gefühlen. Ich weiß nicht worauf ich antworten soll.

Xanthippe: *(gereizt)*

- Bleib einmal stehen, wenn du mit mir sprichst. Du stehst hier nicht vor deinen Schülern, die dich wie einen Gott verehren. Ich kenne dich am besten von allen; klein, hässlich, faul *(sie wird immer gereizter)*. Ja! Das ist es! Eben wollte ich noch einmal dein Gewissen aufrütteln. Wenn du so etwas hast. Den ganzen Tag arbeite ich hier, ohne Magd, ohne Sklavin, allein. Nicht so wie die anderen Frauen. Von morgens bis am abends. koche ich für dich, versorge die Kinder, mache Ordnung, säubere dieses Haus, kaufe ein. Ich muss mich um das wenige Pachtgeld, das wir bekommen, kümmern. Und mit dem, alle Ausgaben bezahlen. Denn du bringst keinen Obolus ins Haus. Du bist zu „nobel" *(betont, ironisch)* Geld für dein Geschwätz, nennen wir deine Belehrungen doch beim Namen, zu nehmen. Ist es nicht so? Antworte!

Sokrates:

- Ich nenne sie anders. Aber wenn du meinst. Hauptsache, dass du mit dir einverstanden bist.

Xanthippe: *(sehr ärgerlich)*

- Statt mir zu danken, beleidigst du mich noch. Hör nur, ich bin noch nicht fertig! Auch das, was du bei deinem Vater gelernt hast, willst du in der letzten Zeit nicht mehr betätigen. Die Kunst scheint dir jetzt unter deiner Würde zu sein, obwohl du immer wieder von der Schönheit sprichst. (*Pause*) Darüber hinaus möchtest du auch noch so oft Tischgäste haben. Das ist die höchste Frechheit! Ich bin es satt! Hörst du?! Ich bin es mehr als satt!

Sokrates: *(versucht sie zu beruhigen)*

- Schwere Anschuldigungen. Ich gebe es zu, du hast auch Recht. Ich bin nicht der Musterehemann. Doch … ich mag dich. Ich habe dich nie geschlagen, wie viele Ehemänner, nie betrogen, obwohl viele Frauen sich das gewünscht hätten. Und …

Xanthippe: *(aufbrausend, macht mit hochgehobenem Arm einen Sprung auf ihn zu und bleibt kurz vor ihm in aggressiver Haltung stehen. Schreiend.)*

- Na! Das ist das letzte! Mich zu hauen! Versuch nur! Und du bleibst ohne Augen! Diese Augen, die die Frauen verrückt machen. Ja! Nicht nur faul, auch ein Lügner bist du! Glaubst du, ich habe nicht von deinen Besuchen bei den Hetären gehört? Dass du mit manchen gar eine sehr enge „Freundschaft", wie du sie nennst, unterhältst? All das muss ich ertragen und unter den Menschen frohe Miene zu deinem bösen Spiel mimen. Und das ist nicht einmal alles. Meinst du, dass ich nicht weiß, was du über mich überall erzählst?

Sokrates:

- Willst du sagen, dass ich mit meinen Freunden nichts Anderes zu sprechen habe als über dich? Dann irrst du dich sehr.

Xanthippe:

- Lügner, ein Lügner bist du! Immer wieder machten mich meine Freundinnen aufmerksam auf das, was du von mir erzählst. So zum Beispiel, dass ich eine keifende Frau bin. Daran hast du dich aber gewöhnt, sagst du, wie man sich das Geschrei der Gänse gefallen lässt. Denn dafür bringen dir die Gänse Eier und Xanthippe Kinder! Und vieles Andere! Du sollst also wissen: ich weiß alles über dich! *(wütend)* Das heißt bei dir „mögen"! Von Liebe? Keine Rede! Sag nie mehr, dass du mich magst! Auch das ist eine Lüge! Ich bin dir nur nutzbar. Das ist alles! Du benutzt mich nur. Das ist alles andere als schön. (*Pause*) Und um deine Worte über die Ehe zu verwenden, ist unsere Ehe für dich (*betont, wiederholt*) für dich, das erfolgreichste Weiterkommen im Leben. *(sie fällt am Boden zusammen und fängt an zu weinen)*

Sokrates: *(sichtlich berührt kommt zu ihr, kniet und versucht sie aufzuheben)*

- Bitte, bitte, bitte! Verzeih mir. Trotz deiner Schmähungen und deiner Unbändigkeit mag ich dich. Sogar mehr als für einen weisen Mann erlaubt wäre. Bitte, glaube es mir!

(Xanthippe weint weiter. Sie reagiert überhaupt nicht auf seine Trostbemühungen.)

Sokrates: *(besorgt)*

- Was ist eigentlich passiert? Heute Morgen als ich auf die Agora ging, warst du ruhig, sogar fröhlich. Du wolltest mit den kleinen, Sophroniskos und Menexenos, zu der Nachbarin, die auch kleine Kinder hat, gehen, um den Kindern die Möglichkeit zu geben, in ihrem großen Garten zu spielen. Mit ihr bist du sogar gut befreundet. Du wolltest danach zusammen mit Lamprokles, dem Ältesten, die Vorradkammern in Ordnung bringen, denn bald müssen die Wintervorräte hinein. An allen diesen Sachen hattest du immer viel Freude. Bist du nicht dazu gekommen, das zu machen, oder was ist inzwischen passiert?

Xanthippe: *(zwischen Schluchzern)*

- Lamprokles! ... Lamprokles! ... Er ist genau wie du! *(Pause)* Er hat denselben Dickkopf wie sein Vater! Er macht nur, was er will. Ja! So ist es! Er hat von dir gelernt! *(kurze Pause)* Wenigsten du schreist mich nicht an. Er aber *(fängt noch bitterlicher an zu weinen und hört nicht mehr auf)*

Sokrates: *(ihm ist es gelungen, sie hoch zu heben)*

- Und er? Was tut er?

Xanthippe:

- Er, er benimmt sich wie ein Besessener!

Sokrates:

- Was meinst du damit?

Xanthippe:

- Er schreit mich an, er sei kein kleines Kind mehr, das alles machen muss, was seiner Mutter durch den Kopf geht! Er wüsste schon, was zu machen ist. Er könnte es nicht länger ertragen, jeden Moment zu meiner Verfügung zu stehen. Mehr noch. Hör nur: er sagt, dass ich ihn behandle wie einen Sklaven. Dass ich ihm ständig befehle. Ungeheuerlich!

Sokrates: (*ängstlich*)

- Das hast du doch wohl nicht getan. Oder?

Xanthippe: (*bricht wieder aus*)

- Fragst du noch?! Billigst du also sein Verhalten zu?! (*fängt an hin und her weinend zu laufen. Hebt die Arme.*) Oh Zeus! Wie kannst du noch diese Gottlosen ertragen?!

Sokrates: (*erschreckt*)

- Was sprichst du da? Bist du von Sinnen? Ich billige überhaupt nicht sein Benehmen. Ich weiß aber, dass du manchmal übertreibst. Das ist alles.

Xanthippe: (*etwas beruhigt*)

- Jawohl! Ich übertreibe, aber du untertreibst: So ist es bei uns. Ich muss mich einmal daran gewöhnen.

Sokrates:

- Genau. Ich auch. Ich habe mich sogar schon lange daran gewöhnt. Zeus sei gedankt! Wenigstens sind wir nun zu einer gemeinsamen Meinung gekommen.

Xanthippe:

- Endlich können wir zusammen vernünftig sprechen. Hör nur, was dein Sohn noch sagte. So kannst du dir eine klare Meinung von ihm machen, denn durch die Vernachlässigung deiner Pflichten gegenüber deiner Familie, bringst du die Zukunft deines geliebten Kindes in Gefahr.

Sokrates:

- Wenn du die Sache so siehst, dann bitte verzeihe. (*kurze Pause*) Ich bin ganz Ohr.

Xanthippe:

- Hör nur: Heute sagte er mir, in einem frechen Ton, dass er seine Pflicht kennt und ich, also seine Mutter, meine *(betont)* nicht. *(Pause)* Er meinte, dass ich dich nicht respektiere und dich, wie ihn, als meinen Diener behandle. *(Pause)* Dass er nicht gewollt ist, so eine lächerliche Rolle, wie du in unserer Familie spielst, zu übernehmen! *(Pause)* Stell dir das vor! *(Pause)* Dass er kein Feigling wie du ist und zu seinen Pflichten, so wie sie von unserem Staat vorgeschrieben sind, steht und stehen wird trotz der ungestümen Art meines Verhaltens. *(Pause)* Was sagst du dazu? Was kann ungeheuerlicher sein als all das? Sag mir?!

Sokrates: *(einsichtig)*

- Erstens: wenn er den Respekt schätzt, wie er sagt, die Art wie er mit dir spricht, beweist das Gegenteil. Ich verstehe sehr gut deine Empörung. Er enttäuscht mich zutiefst.

Xanthippe:

- Enttäuschen, enttäuschen! Mein Herz ist aber gebrochen! Was soll ich noch tun?!
(fängt wieder bitterlich zu weinen an)

Sokrates:

- Beruhige dich, beruhige dich. Ich werde mit ihm reden.

Xanthippe:

- Reden?! Wann, wie?! *(kurze Pause. Hört auf zu weinen)* Jetzt, gleich! Und nicht um ihn zu verstehen, sondern um seine Haltung mir gegenüber bloßzustellen. Vielleicht wird er dann sehen, was er mir und auch sich angetan hat. *(ohne eine Pause ruft sie laut)* Lamprokles! Lamprokles! Komm zu deinem Vater! Lamprokles! Hörst du?!
(Lamprokles, ein hübscher, kräftiger Jüngling, kommt langsam, gelassen)

Lamprokles:

- Ich höre, ich höre. Du schreist so laut, dass dich auch die Nachbarn hören. Was möchtest du Mutter?

(Xanthippe dreht sich um und geht zur Küche. In der Tür dreht sie sich noch einmal um und sagt zu Lamprokles)

Xanthippe:

- Dein Vater will mit dir reden!

Lamprokles:

- Vater. Was willst du mir sagen?

Sokrates:

- Komm hier her mein Sohn! Setzt dich! *(Sie setzten sich beide nebeneinander)*

Lamprokles:

- Hat sich die Mutter bei dir beschwert? Und befohlen, mich zu rügen oder sogar zu bestrafen?

Sokrates:

- Findest du nicht, dass diese Art mit deinem Vater zu sprechen nicht angebracht ist? Willst du dadurch im Vorhinein die Beschuldigung deiner Mutter untermauern?

Lamprokles:

- Ich habe bei dir gelernt, mich an die Wahrheit zu halten. War es also falsch?

Sokrates:

- Die Wahrheit über alles lieben. Das ist richtig. Jedoch zeigt sich die Wahrheit nicht wie eine Blume. Um sie muss man ringen. Man hat sie nicht zur Verfügung wie die Texte auf einer Rolle in der Bibliothek. So wie ich dich kenne, verbringst du mehr Zeit mit Schwerathletik und dem Faustkampf als auf der Suche nach der Wahrheit.

Lamprokles:

- Auch du liebst die Olympischen Spiele. Durch die Stärkung des Körpers durch körperliche Übungen bist du sogar berühmt geworden in Athen und überall in der griechischen Welt. Das ist ein Beweis, dass die Suche nach einem starken, gesunden und schönen Körper sehr gut zusammen passt zu der Suche nach der Wahrheit.

Sokrates:

- Das ist gewiss richtig. Das beweist aber, dass, wie das Wort „suchen" auch sagt, du auch in Bezug auf das Suchen der Wahrheit tätig sein sollst. Du beschäftigst dich den ganzen Tag jedoch mit athletischen Übungen. Zeit um Wahrheit zu suchen, findest du aber nicht. Wie kommst du also zur Wahrheit, in deren Namen du zu sprechen meinst? Das ist die Frage.

Lamprokles:

- Wenn ich das Wort „Wahrheit" in den Mund nahm, hatte ich nicht die Wahrheit im Allgemeinen im Sinn, oder die Meinungen verschiedener Philosophen über die Wahrheit. Ganz einfach: ich meinte die Wahrheit meiner Aussagen über dich und über dein Verhalten gegenüber meiner Mutter. Das war alles. Meine Aussagen entsprachen also meinen Gedanken. Es ist wahr: ich hätte diese Gedanken auch direkt aussprechen können und nicht in der Form einer Frage.

Sokrates:

- Es war mir auch klar, dass du diese Art von Wahrheit im Sinn hattest. Trotzdem besteht auch hier die Frage, ob das, was du von mir denkst auch der Wirklichkeit entspricht, also ob es wahr ist. Nicht?

Lamprokles:

- Ja, sicher; und es entspricht ihr tatsächlich.

Sokrates:

- Hast du dich nicht gefragt, ob es in Wahrheit so ist und ob nicht das nur eine momentane Meinung von dir wäre?

Lamprokles:

- Warum sollte ich mich fragen, wenn ich ganz sicher bin, dass es so ist?

Sokrates:

- Schaust du? Hier liegt der Wurm in der Sache. Du hast mir nicht widersprochen als ich sagte, dass sich die Wahrheit nur als Folge eines Ringens zeigt. Hast du also diese, deine so genannte Sicherheit, in Frage gestellt? Kam sie als Folge einer Suche nach der Wahrheit, oder war sie nur auf einmal da; eine momentane Meinung?

Lamprokles:

- Um ehrlich zu sein: sie war einfach da. Und sie ist auch jetzt noch genauso da.

Sokrates:

- Dieses „jetzt" hat mit der Sache nichts zu tun. Die Wahrheit ist unabhängig von der Zeit. Sie übersteigt die Zeit. Das ist die richtige Bedeutung dieses Wortes. Im Gegensatz dazu meinen irrigerweise die meisten Menschen, dass sich die Wahrheit mit der Zeit immer verändert.

Lamprokles:

- Vater! Das verstehe ich nicht so richtig. Wie kann die Wahrheit unabhängig von der Zeit sein, wenn ich immer wieder sehe, dass das, was man heute als wahr ansieht, morgen unwahr genannt wird?

Sokrates:

- Tatsächlich. Das sieht man immer wieder. Du merkst auch bei dieser Gelegenheit, wie kompliziert das Leben ist, obwohl beim ersten Blick alles einfach und unauffällig erscheint. Was das alles zu bedeuten hat, verlangt eine längere Betrachtung. Jetzt haben wir aber etwas anderes zu tun. Lassen wir auch die Frage, ob deine Meinung von mir der Realität entspricht, beiseite. Richten wir unsere Aufmerksamkeit auf den Streit mit deiner Mutter. Dieser Streit schmerzt sie sehr. Versuchen wir dabei das Gute von dem Schlechten zu trennen. Ich hoffe, dass du willig bist dies zu tun.

Lamprokles:

- Gut Vater, wenn du meinst, dass es nötig ist.

Sokrates:

- Nötig ist immer das eigene Verhalten im Blick auf das Gute und Schlechte im Auge zu behalten.

Lamprokles:

- Mir scheint es, dass du viel zu viel verlangst. Dass der Mensch, wenn er etwas tut, das Gute als Ziel hat, ist selbstverständlich. Nur … das Gute sieht für jeden anders aus. Und wenn man endlich das richtige Gute gefunden hat, obwohl das wie ein Wunschtraum klingt, ist es sehr schwer, wenn nicht unmöglich, es ständig im Blick zu halten.

Sokrates:

- Ich gebe zu, so ein Verhalten ist nicht leicht. Aber warum unmöglich?

Lamprokles:

- Einfach. Weil wir Menschen beim Handeln zuerst vom Gespür geleitet werden. Damit das Gute erkannt werden kann, muss die Vernunft immer wach sein. Ist das aber möglich?

Sokrates:

- Sehr gut beobachtet, mein Sohn. Trotzdem, warum unmöglich?

Lamprokles:

- Die Antwort hast du selbst gegeben „Weil sich die Wahrheit nicht wie eine Blume zeigt. Um sie muss man ringen." Hast du vorhin gesagt.

Sokrates:

- Richtig. Warum soll aber das unmöglich sein? Du ringst auch für den ersten Platz in den Stadien. Oder?

Lamprokles:

- Ich schon. Die meisten aber nicht. Bei den Festspielen bist du auch immer im Stadion dabei. Befindet sich die Mehrzahl der Menschen auf dem Kampfplatz oder auf den Tribünen?

Sokrates:

- Es gibt aber auch einige, die für den ersten Platz kämpfen.

Lamprokles:

- Sie sind aber jung, haben viel körperliche Kraft und dieses Ringen bringt ihnen Freude, Anerkennung. Das Ringen um die Wahrheit braucht eine andere, besondere Kraft und (*kurze Pause*) wenn es möglicherweise Freude bringt, was zweifelhaft ist, Anerkennung bringt es sicher nicht.

Sokrates:

- Wieso nicht?

Lamprokles:

- Weil die Menschen eifersüchtig ihre eigene Wahrheiten verteidigen und eine neue Wahrheit wird als eine Kampfansage betrachtet.

Sokrates:

- Zutreffend, Lamprokles! Ganz richtig hast du die Menschen eingeschätzt. Dadurch machst du mir keine Schande.

Lamprokles:

- Ich habe also doch Recht; es ist unmöglich, sich so zu verhalten.

Sokrates:

- Dieser Schluss ist jedoch fehlerhaft. Unmöglich ist es nicht. Wahrlich aber sehr schwierig. Du selbst hast durch dieses Gespräch gezeigt, dass das Ringen um die Wahrheit auch dich packt und dir Freude macht. Und dass es noch viele Jugendliche gibt, die sich dafür begeistern können, dies bezeugen meine jungen Freunde. Können wir aber jetzt zu unserem Thema zurückkommen?

Lamprokles:

- Ja sicher. Ich möchte auch alles klar stellen.

Sokrates:

- Sag mir also: was hältst du von der Dankbarkeit?

Lamprokles:

- Wenn jemand dankbar ist, zeigt das für mich, dass er eine schöne Seele hat.

Sokrates:

- Du hältst viel von der Freundschaft, nicht wahr?

Lamprokles:

- Jawohl. Du kennst ja doch meine Freunde und weißt wohl, wie viel Freude wir haben, alle miteinander zu sein. Warum fragst du?

Sokrates:

- Kommt diese Freude davon, dass du einige Personen kennengelernt hast, die du dann als Freunde bezeichnest, oder aus einem anderen Grund?

Lamprokles:

- Was für eine dumme Frage. Sicher nicht deshalb. Meine Freunde müssen zu mir passen, wir müssen zusammen stimmen.

Sokrates:

- Kann man dieses Stimmen mit dem in der Musik vergleichen?

Lamprokles:

- Ja. Sogar sehr gut.

Sokrates:

- Das heißt, die Musik muss schön klingen, also schön sein?

Lamprokles:

- Natürlich. Wenn sie nicht schön klingt, dann entsteht keine Musik sondern nur Lärm, Gebrüll.

Sokrates:

- Genau. Also Freundschaft und das Schöne sind eng miteinander verbunden. Ist das so?

Lamprokles:

- Genau.

Sokrates:

- Müssen die Freunde dafür schön sein?

Lamprokles:

- Überhaupt nicht. Es wäre eher schwer, eine Freundschaft zu schließen, wenn alle schön wären. Denn die körperliche Schönheit wird zum Zankapfel, wie die Sage mit der Göttin Aphrodite und dem goldenen Apfel bezeugt.

Sokrates:

- Vorauf bezieht sich dann das Schöne?

Lamprokles:

- Nicht auf das Körperliche.

Sokrates:

- Sondern?

Lamprokles:

- Sicher auf die Seele.

Sokrates:

- Steht also die Schönheit in Bezug auf die Seele?

Lamprokles:

- Worauf denn sonst?

Sokrates:

- Die Freundschaft wie die Dankbarkeit, wie du selbst zugegeben hast, bekunden eine schöne Seele.

Lamprokles:

- Ja. Ich bin den Göttern dankbar, dass sie mir so wertvolle Freunde geschenkt haben.

Sokrates:

- Es ist auch schön die Freundschaft zu erleben und noch schöner dankbar dafür zu sein.

Lamprokles:

- Dankbarkeit ist eine schöne Sache.

Sokrates:

- Sache, sagst du? Was ist, deiner Meinung nach, Gerechtigkeit? Auch etwas Schönes?

Lamprokles:

- Ja sicher. Etwas sehr Schönes.

Sokrates:

- Auch eine Sache?

Lamprokles:

- Na ja! Eine Sache kann sie nicht sein, denn sie bezieht sich auf die Seele. Die Dankbarkeit auch. Es ist mir kein anderes Wort eingefallen und im Allgemeinen kann man es auch so sagen.

Sokrates:

- Welches wäre also das richtige Wort? Nicht Tugend?

Lamprokles:

- Doch.

Sokrates:

- Versuch also die richtigen Wörter zu benutzen. Auch wenn das keine Zeitersparnis bedeutet. Es vermeidet aber falsche Interpretationen und Konflikte. Aber wir sprachen von Dankbarkeit. Gibt es auch Leute, die nicht dankbar sind?

Lamprokles:

- Sicher. Sogar sehr viele.

Sokrates:

- Wie nennt man sie?

Lamprokles:

- Undankbare.

Sokrates:

- Was tun sie, dass man sie so nennt?

Lamprokles:

- Sie empfangen Wohltaten aber vergelten sie nicht, obwohl sie imstande dazu sind.

Sokrates:

- Was würdest du von einem sagen, der so undankbar ist?

Lamprokles:

- Mit so einem möchte ich überhaupt nichts zu tun haben, denn er kann kein wahrer Freund sein. Er hat keine schöne Seele.

Sokrates:

- Du hast Recht. Man kann sich auf so einen nie verlassen. Und nicht nur im Kreis der Freunde, sondern auch in der Familie, in der Gesellschaft, im Staat.

Lamprokles:

- So ist es. Indem du aber die Familie nennst, ist das eine Anspielung auf mich? Dass ich mich angesichts meiner Mutter undankbar zeige?

Sokrates:

- Was sonst soll dein Verhalten gegenüber deiner Mutter bezeugen? Du hörst nicht auf ihre Bitten, du kümmerst dich nicht um sie, du sprichst mit ihr wie zu einer Magd. Du erweist ihr gegenüber keine Ehre. Weißt du nicht, dass der Staat selbst dem Betreffenden Strafe auferlegt, der seine Eltern nicht ehrt?

Lamprokles:

- Gerade so arg ist mein Verhalten auch nicht. Manchmal spielen sich auch solche Sachen ab, das gebe ich zu, aber selten. Und, du weißt wohl, der Ton macht die Musik. Sehr oft ist sie gereizt, aus welchem Grund auch immer und dann bin ich immer der Schuldige. (*Pause*) Das ist ungerecht. Du erlebst doch selbst solche Fälle. Ihr Ungetüm kann ich nicht mehr ertragen. Es macht mich rasend. Und was den Staat betrifft: der soll zuerst seine Aufgabe richtig erledigen und danach der Familien Vorschriften machen und Strafen auferlegen.

Sokrates:

- Vorsicht, Vorsicht mein Junge! Schnell bist du dabei den Anderen zu verurteilen. Urteilen ist vielleicht die schwierigste Sache im Leben eines Menschen. Es ist schwer ein richtiges Urteil zu fällen und es hängt viel davon ab.

Lamprokles:

- Ich finde das nicht. Mein Leben läuft sehr gut auch ohne Urteilen. Und im Grunde, warum soll ich mich mit so einer Sache belasten? Mein Leben wäre viel zu kompliziert.

Sokrates:

- Diese Art zu reden zeichnet eher einen Träumer als einen Vernunftmensch aus.

Lamprokles:

- Ich träume viel. Das ist wahr. Ich habe auch viele Wünsche. Manche Freunde sagen, meine Träume wären Wunschträume. Aber andererseits erlebe ich alles immer bewusst. Was Urteilen und Verurteilen betrifft überlasse ich das euch Philosophen und den Richtern. Ihr habt so wie so nichts Besseres zu tun.

Sokrates:

- Eine großartige Meinung hast du von denen, die sich mit der Gerechtigkeit und mit der Weisheit beschäftigen. Das aus dem Munde meines Sohnes zu hören, ist für mich sicher nicht schmeichelhaft. Folglich muss ich mein Anliegen selbst in Frage stellen. Aber lassen wir das jetzt beiseite. Ruhe bewahren und bei der Sache bleiben. (*Pause*) Also zum Urteilen zurück. Hoffen wir wenigstens da weiter zu kommen. Sag mir: Meinst du, dass alles, was du mir jetzt gesagt hast, aus dir so ohne weiteres ohne zu überlegen herausgesprudelt ist? Du sagtest doch z.B. dass deine Mutter ungerecht ist. Hast du Gründe das zu behaupten?

Lamprokles:

- Im Traum habe ich es sicher nicht ausgesprochen. Ich weiß schon was „ungerecht" heißt. Übrigens konntest du auch sehen, dass ich mir Gedanken gemacht habe, was Dankbarkeit und Undankbarkeit betrifft.

Sokrates:

- Also stimmt es auch nicht, dass nur die Philosophen und die Richter urteilen.

Lamprokles:

- Na ja. Manchmal im Gespräch überholt der Mund den Verstand. Du weißt schon. Was mich betrifft denke ich schon oft nach und halte mich nicht selten an das, was das Denken mir offenkundig gemacht hat. Das heißt aber doch nicht, dass für die normalen Menschen Denken, Urteilen und all diese Sachen denselben Stellenwert wie bei den Philosophen hat.

Sokrates:

- Das habe ich auch nicht behauptet. Aber warum meinst du, dass der Stellenwert verschieden ist?

Lamprokles:

- Weil sich die Philosophen und die Richter im Leben mehr mit diesen Sachen beschäftigen. Darum haben sie auch einen viel größeren Wert als für mich oder für die einfachen Bürger. Ob sie sich daran halten, das ist aber eine andere Frage.

Sokrates:

- Damit hast du den Finger auf die Wunde gelegt.

Lamprokles:

- Was meinst du damit?

Sokrates:

- Viele Fragen würden sich lösen, wenn man sich ihnen mehr hingibt. Ich meine damit, wenn man sich mit ihnen mehr beschäftigt, wenn man sie erlebt, in das Leben hinein bringt.

Lamprokles:

- Du willst damit sagen, dass sich das, was die Philosophen und Richter als wahr und richtig angesehen haben, auch in ihrem Leben widerspiegeln soll? Ist es so?

Sokrates:

- Genau. Die Schwierigkeit aller dieser Fragen liegt nicht so sehr in ihrer gedanklichen Beantwortung, sondern in der Umsetzung der Antwort im tagtäglichen Leben. Das heißt: ich erkenne die Wahrheit aber setze sie nicht um. Einfach, aber zugleich sehr kompliziert!

Lamprokles:

- Das sage ich auch.

Sokrates:

- Dazu kommt noch etwas.

Lamprokles:

- Du willst die Sache noch kompliziert machen. Scheinbar hast du Freude daran.

Sokrates:

- Bei Zeus, das will ich nicht. Und Freude spüre ich schon, aber nur wenn ich weiter komme. Und weiter zu gehen, dazu drängt mich unwillkürlich das Denken.

Lamprokles:

- Wie steht es dann mit der Freiheit der Entscheidung, von der du so oft sprichst?

Sokrates:

- Lassen wir einmal diese große Frage ruhen, wenn wir in unserer Sache zu einem Schluss kommen wollen. Das wollen wir doch?

Lamprokles:

- Sicher will ich. Ich hoffe du auch. Die Zeit vergeht, die Mutter wird sicher unruhig und ich bin hungrig geworden. Es scheint, dass auch das Denken Kraft verbraucht.

Sokrates:

- Es sieht so aus, wenigstens bei dir. Ich sagte, dass die Schwierigkeit der Lösung der aufgetauchten Fragen nicht nur auf ihrer Beantwortung und auf der Umsetzung der Antworten im Leben liegt. Dazu kommt noch eine ganz andere Schwierigkeit, die sogar als Bedingung der zuerst genannten steht. Nämlich das bewusste Auftreten der Frage selbst.

Lamprokles:

- Ich verstehe nicht, was du damit meinst.

Sokrates:

- Wie bei einer Geburt zum Beispiel. Obwohl das Kind da ist, tritt es erst nach der Geburt in Erscheinung. Und das meistens mit Hilfe einer Hebamme.

Lamprokles:

- Ah so. Ich verstehe. Die Frage liegt irgendwie in mir aber ich weiß nichts davon.

Sokrates:

- So ist es. Darum braucht man im Leben die Lehrer und sogar gute Lehrer, um auf das Blinken der Wahrheit aufmerksam gemacht zu werden.

Lamprokles:

- Und als Folge braucht man die Philosophen, um den Dienern des Staates die Spur der Wahrheit zu leuchten.

Sokrates:

- Genau, sehr gut Lamprokles! Aber man braucht auch die Richter, um den Gesetzen Gehör zu verschaffen.

Lamprokles:

- Danke Vater. Jetzt wird es mir klar. Der Mensch braucht in seinem Leben unentbehrlich Lehrer, Richter und Philosophen. Dazu muss ich aber hinzufügen, nur gute. Denn, wenn sie so eine wichtige Rolle spielen, ihre Wirkung kann auch, wenn sie nicht gut sind, etwas ganz Schlimmes anrichten. Die Staaten unter der Führung der Tyrannen sind ein Beweis dafür.

Sokrates:

- Zeus sei Dank! Einen kleinen Schritt in die richtige Richtung haben wir getan. Jetzt müssen wir jedoch weiter gehen.

Lamprokles:

- Vater! Du bist aber ein komischer Mensch.

Sokrates:

- Warum meinst du das?

Lamprokles:

- Weil du nie zufrieden bist. Ich dachte, wir sind am Schluss angelangt. Ich habe eingesehen, dass Dankbarkeit sehr wichtig für das Leben der Menschen ist. Dass sie nicht nur die Schönheit der Seele bezeugt, sondern dass sie auch die gegenseitige Beziehung der Menschen in der Gesellschaft schön formt.

Sokrates:

- Tatsächlich ist es so. Ich wollte erfahren, ob du aus unserem Gespräch etwas gelernt hast. Denn das Kennzeichen des Lebens ist für mich, wie für Heraklit den Dunklen, von dem ich dir manchmal erzählt habe, die Verwandlung, also die Bewegung; die Bewegung der Physis, also der Natur, aber auch die Bewegung des Nous, des Geistes.

Lamprokles:

- Ja. Das habe ich oft von dir gehört. Und besonders von der Notwendigkeit der Reinigung der Seele. Das war auch ein Thema in den Gesprächen mit meinen Freunden nach den Theateraufführungen.

Sokrates:

- Es ist gut, solche Gespräche zu führen. Ich merke aber nicht, dass ihr besser geworden seid.

Lamprokles:

- Vielleicht doch. Oder für kurze Zeit. (*Pause*) Wenigstens was die Gedanken betrifft. Es ist doch schwer alte Gewohnheiten zu überwinden.

Sokrates:

- Ich muss zugeben, manchmal sprichst du sehr vernünftig. Um vernünftig zu handeln, hilft die Einsicht allein nicht. Was muss noch dazukommen? Um zu einer richtigen Antwort zu kommen, müssen wir darüber noch nachdenken. Was sagst du?

Lamprokles:

- Ich weiß nicht. Alles kommt mir ein wenig komisch vor.

Sokrates:

- Wieso?

Lamprokles:

- Wir sollen also diese Frage durch die Vernunft untersuchen. Ja?

Sokrates:

- Wie sonst, wenn wir die Wahrheit finden wollen?

Lamprokles:

- Gut. Ich wiederhole unsere Prozedur: eine klare Frage stellen; die richtige Antwort, das heißt die Wahrheit finden. Diese Wahrheit sagt uns, was wir zu tun haben. Wir wissen jetzt etwas mehr. Trotzdem dieses Wissen allein bringt kein Handeln mit sich ... Wir sind da, wo wir schon am Anfang waren; beim Wissen! Nichtwahr?

Sokrates:

- Nicht schlecht gedacht. Es sieht tatsächlich so aus. Aber etwas stimmt nicht.

Lamprokles:

- Was denn?

Sokrates:

- Wir haben etwas übersehen. Kommen wir zurück. Bei unserer Untersuchung drehte sich alles um „Wahrheit", „Denken" als geistige Tätigkeit, „Handeln" als Tätigkeit der Umwandlung der Lösung in die Praxis und dazu kommt auch die „Gewohnheit", von der wir noch nicht gesprochen haben. Was haben wir übersehen? Die „Zeit"! Die Zeit ist der Rahmen in dem sich das alles spielt. Oder?

Lamprokles:

- Das ist so. Ohne die Zeit läuft nichts. Die Wahrheit fällt nicht augenblicklich vom Himmel. Sie braucht auch die Tätigkeit der Vernunft. Wenn es keine Zeit gäbe, wie könnte sich die Tätigkeit zu erkennen geben. Und die Gewohnheit ist auch etwas, was Zeit unbedingt braucht.

Sokrates:

- Die Tätigkeit des Handelns wird durch das Bewusstmachen der Richtigkeit des Zieles gestärkt. Die ständige Wiederholung der Umsetzung der Lösung in die Praxis stärkt ihrerseits die Tätigkeit des Handelns und führt zur Gewohnheit. Auch dafür braucht man die Zeit. Also: ohne die Zeit, kein Erreichen des Ziels. Die Zeit als Verbündete gewinnen und in diesem Sinn benutzen, das ist die Lösung! Verstehst du?

Lamprokles:

- Willst du damit sagen, dass alle diese Fakten, welche die Zeit zusammenfügt, die Wahrheit offenbaren werden? Kann man so die Brücke zwischen der Vernunft und der Praxis über dem tiefen Abgrund der Seele fest bauen?

Sokrates:

- Ich glaube schon.

Lamprokles:

- Wenn ich es gut verstanden habe, dann muss ich meine Zeit richtig verwenden. Aber was geschieht, wenn ich diese Kraft nicht habe, die Zeit als Verbündete der Wahrheit zu benutzen?

Sokrates:

- Einfach. Dann verwende eine Hilfe von außen.

Lamprokles:

- Wie soll ich das verstehen?

Sokrates:

- Du verzichtest freiwillig für eine Zeit auf deine Freiheit und setzt dich unter die Autorität eines Erziehers, zum Beispiel eines Lehrers oder eines männlichen Bundes wie der Pythagoreer.

Lamprokles:

- Ein schwerer Verzicht.

Sokrates:

- Das ist wahr. Darum müssen die Eltern ihre Jungen schon früh in eine solche Schule bringen.

Lamprokles:

- Es gibt doch keine solchen Schulen.

Sokrates:

- Dann müssen solche Lehrer wie ich, solche Schulen gründen. Oder siehst du eine andere Möglichkeit?

Lamprokles:

- Athen ist doch eine sehr reiche Stadt. Sie könnte solche Schulen ins Leben rufen.

Sokrates:

- Sicher. Das tut sie aber nicht. Was bleibt dann noch übrig? Das, was ich selbst mache. Was ich immer auch mit dir gemacht habe, ohne ein spezielles Gebäude mit dem Namen Schule zu besitzen.

Lamprokles: *(schweigt eine Weile, dann)*

- Ich muss gestehen. Ich habe bis jetzt dein Herumlaufen und dein Geschwätz nicht verstanden. Verzeihe! Ich sah das alles wie die Mutter. Als Faulenzerei und Zeitvertreib.

Sokrates:

- Gut. Wenigstens das haben wir geklärt. Wie stehst du jetzt zu der Haltung deiner Mutter dir gegenüber? Verstehst du nun, warum sie immer versucht, dich von deinen schlechten Gewohnheiten zu befreien?

Lamprokles:

- Sie hatte sicher Angst, mich auf einen schlechten Weg geraten zu sehen. Du weißt aber wohl, die Angst ist nicht der beste Ratgeber.

Sokrates:

- Das schon. Aber auch dein Verhalten ihrer Besorgnis gegenüber bezeugt kein Menschenverständnis.

Lamprokles:

- Ja Vater! Bitte verzeih mir. Ich versuche von nun an, gegen meine Ausbrüche zu kämpfen.

Sokrates:

- Um Verzeihung sollst du deine Mutter bitten. Geh zu ihr und frage sie, wie du ihr behilflich sein kannst. (*Pause*) Und immer, bevor du ihr eine Antwort gibst, zähle zuerst bis zehn. Das heißt, die Zeit als Verbündete zu gebrauchen.

Lamprokles:

- Das mache ich. Es tut mir Leid, dass ich manchmal so aufgebracht bin.

(*Lamprokles dreht sich um und geht in die* Küche)

Vorhang

Akt 7

Bild 1

(Die Zelle wie in Akt 1. Sehr früh am Morgen. Kriton, der Freund Sokrates sitzt auf einem Stuhl neben dem Bett, wo Sokrates noch schläft. Er betrachtet ihn eine Weile stillschweigend voller Trauer. Sokrates öffnet die Augen, erblickt ihn, setzt sich im Bett auf)

Sokrates: *(leicht erstaunt)*

- Was ist mit dir Kriton? Warum bist du so früh gekommen? Oder ist es noch nicht früh?

Kriton:

- Doch. Sogar sehr.

Sokrates:

- Wie haben dich die Wächter hineingelassen?

Kriton:

- Seitdem wir zu dir kommen, kennen sie mich. Ich habe dem jetzigen Wächter etwas zugesteckt.

Sokrates:

- Warum hast du mich nicht gleich geweckt?

Kriton:

- Ich kam aus dem Staunen nicht heraus, wie ruhig du schläfst trotz dieser unglücklichen Lage, in der du dich befindest. Deine besonnene Gemütsart habe ich immer an dir bewundert, aber dass du jetzt vor dem Tod diese Art bewahren kannst, bringt mich zum Staunen.

Sokrates:

- Mein lieber Kriton, du bist immer ein Weisheitsliebender gewesen. Als solcher musst du doch wissen, dass der Tod der ständige Begleiter des Menschen ist. Und alle Lebewesen sind ihm ausgeliefert. In jedem Moment des Lebens kann er sich unserer bemächtigen. Ist dir das nicht bewusst?

Kriton:

- Bewusst ist es mir sicher, aber ob das erträglich ist, das ist eine andere Frage. Und ganz besonders wenn der Tod mich selbst oder den besten Freund visiert. Dann sieht es ganz anders aus. Meinst du nicht?

Sokrates:

- Gewiss. Aber nur wenn man die Augen und die Haltung des Philosophen verloren hat.

Kriton:

- Was willst du damit sagen?

Sokrates:

- Dir ist bekannt, wie ich schon erwähnt habe, dass alle Lebewesen einen Anfang und ein Ende haben. Des Weiteren, wie ich so oft sagte, solange wir nämlich beim Forschen neben dem reinen Denken noch auf den Leib hören und solange unsere Seele mit dem Körper in dieser Art vermengt ist, werden wir das, was wir begehren - nämlich die Wahrheit - niemals recht erlangen.

Kriton:

- Warum meinst du das?

Sokrates:

- Warum? Weil der Körper uns unendlich viele Schwierigkeiten schon wegen der Notwendigkeit seiner Ernährung bereitet. Wenn dazu noch irgendwelche Krankheiten kommen, dann hindern auch sie noch unsere Jagd nach dem Seienden. Aber auch mit Liebesverlangen, mit Begierden, mit Furcht, mit allerlei Illusionen und mit mancherlei Torheit erfüllt uns der Leib, so dass er uns ja wirklich gar nicht zur Vernunft kommen lässt. Ist es so?

Kriton:

- Wenn man sich auf sich selbst besinnt, ist es tatsächlich so.

Sokrates:

- Aber auch aus einem anderen Grund. Nämlich als Folge der Beziehungen zwischen den Menschen. Kriege, Aufstände und Schlachten haben keine andere Ursache als den Leib und seine Begierden. Wegen des Gelderwerbs nämlich entstehen alle Kriege; Geld aber müssen wir erwerben des Leibes wegen, indem wir seiner Pflege dienstbar sind; und darum haben wir aus all diesen Gründen keine Zeit mehr für Philosophie. Sieht das Leben in Wirklichkeit nicht so aus?

Kriton:

- Na ja. Es ist eben so.

Sokrates:

- Und das ist nicht einmal alles. Denn im Leben sind wir ständig von den Gedanken an den Tod begleitet. Dieser Gedanke trübt uns immer wieder das Leben. Die Überwindung der Todesangst und des Schmerzes beim Verlieren eines geliebten Menschen ist schwer zu erreichen. (*Pause*) Aber lassen wir jetzt das, worüber wir schon so oft gesprochen haben und sage, was bringt dich so früh zu mir.

Kriton:

- Ich bin hier, um dir eine traurige Botschaft zu bringen. Besser gesagt, nicht dir, wie ich wohl sehe, sondern mir und all deinen Freunden; eine traurige und schwer zu ertragende Botschaft.

Sokrates:

- Was für eine? Ist das Schiff aus Delos angekommen, nach dessen Ankunft ich sterben muss?

Kriton:

- Zwar ist es noch nicht hier, aber es wird heute kommen, wie manche berichten. Morgen musst du also dein Leben beschließen.

Sokrates:

- Die letzte Szene meines Lebens neigt sich dem Ende zu. Zeus sei Dank, dass ich es im Einklang mit meiner Lebensanschauung beschließen kann.

Kriton:

- Was meinst du damit?

Sokrates:

- Ich meine, der Tod, der der letzte Abschnitt des Lebens ist, muss mit den anderen Abschnitten des Lebens besonders mit denen, die den einen Menschen besonders geprägt haben, eine Einheit bilden. Denn anders kann sich die Seele in der anderen Welt nicht mehr erkennen.

Kriton:

- Na ja. Das klingt nicht schlecht, aber doch schwer zu verstehen.

Sokrates:

- Wir haben noch ein wenig Zeit. Versuchen wir diesen Gedanken näher zu betrachten.

Kriton:

- Was die Zeit betrifft, irrst du dich leider, Sokrates. Denn der wahre Grund meines frühen Ankommens ist ein anderer. Wir, deine Freunde, haben alles für deine Flucht vorbereitet. Die Wächter wurden bezahlt und alles was dazu gehört, wurde eingeleitet. Was noch fehlt ist deine Person. Wir müssen uns also beeilen.

Sokrates:

- Ah so!? Das überrascht mich aber. Manche von euch haben in den letzten Tagen immer wieder eine Flucht erwähnt. Habt ihr nicht bemerkt, dass so etwas für mich nicht in Betracht kommt? Habt ihr nicht begriffen?

Kriton:

- Das ist keine Sache des Begreifens. Es ist eine des Gefühls. Ich will damit nicht sagen, dass du keine Gefühle hast und aus diesem Grund, dass, was uns bewegt, nicht mitempfinden kannst. Es muss dir jedoch klar sein, dass die meisten von deinen Freunden nicht in deinem Alter sind. Darüber hinaus musst du auch bedenken, dass wir unsere Gefühle nicht so wie du im Griff haben. Du darfst also nur von Menschen wie dir verlangen, dass sie deine Haltung begreifen und akzeptieren und nicht von denen, die wie wir viel weniger geistig fortgeschritten sind.

Sokrates:

- Kriton, mein Freund, mit diesem Argument bringst du mich in Verlegenheit. Wenn es stimmt, was du sagst, dann heißt das, dass ich auf ein falsches Pferd gesetzt habe.

Kriton:

- Jetzt verstehe ich nicht, was du damit sagen willst.

Sokrates:

- Es ist sehr hart von dir zu hören, dass meine Lehre an dir vorbei gegangen ist. Was haben dann die anderen Menschen von meinem Appell, im Leben der Vernunft und nicht den Gefühlen nachzugehen, verstanden, wenn nicht einmal du und deine Freunde im Sinne dieser Lehre leben könnt?

Kriton:

- Das stimmt nicht, mein lieber Freund. Ich und alle unsere Freunde bemühen uns deine Lehre in unserem Leben aufzunehmen. Nur, ich muss gestehen, dass es nicht leicht ist.

Sokrates:

- Na ja. Ich verstehe. Wie es auch sei, mein Lebensunternehmen ist, so wie meine Lage jetzt aussieht, gescheitert. Ich selbst meine, keine Fehler gemacht zu haben. Meine einzige gebliebene Hoffnung ist, dass die Menschheit mir einmal, in der Zukunft, doch Recht geben wird. Diese Hoffnung entfernt den Stachel aus meiner Seele, der mir den Tod jetzt noch schmerzhaft macht. Denn nur so kann ich in Ruhe sterben, mit dem Bewusstsein, dass ich der Menschheit ein wertvolles Geschenk hinterlassen habe.

Kriton:

- Für mich bist du schon heute ein großes Geschenk. Aber nicht nur für mich sondern auch für Athen und für alle Griechen. Es ist aber schmerzhaft zu hören, dass du dein Lebensunternehmen als gescheitert vermutest.

Sokrates:

- Dahinter steckt keine Vermutung, sondern nur die dringende Frage, ob tatsächlich die Vernunft die Möglichkeit hat, den Menschen zum Guten zu verändern.

Kriton:

- Ich glaube schon, dass sie dies kann.

Sokrates:

- Du glaubst und glaubst nicht. Sei ehrlich! Du willst mich nur trösten. Mich hat diese Frage immer in meinem Leben begleitet. Und wenn du sagst, dass sogar ihr, meine Freunde, große Schwierigkeiten habt, auf meinem Weg zu gehen und sogar jetzt meinen Entschluss zu sterben, zu akzeptieren, dann scheint etwas mit meinem Vorhaben nicht zu stimmen. Das ist der Stachel, der meine Seele mit Sorgen erfüllt.

Kriton:

- Hier liegst du daneben. Der Fehler liegt bei uns. Vielleicht nehmen wir deine Lehre nicht ernst genug.

Sokrates: (*kurze Pause*)

- Lassen wir aber jetzt diese Sorgen, die mich noch bedrücken, beiseite. Vielleicht wird die störende Frage die angedeutete Hoffnung beantworten. Als Folge werde ich mich beruhigen. Im Grunde braucht der Mensch vor seinem Tod immer eine Hoffnung. Oder? (*Pause*) Nun, für uns bleibt jetzt noch der letzten Frage nachzugehen: warum nämlich ist für mich der Entschluss zum Tode unausweichlich. Machen wir es kurz; mir bleibt nicht mehr viel Zeit.

Kriton:

- Wie du möchtest.

Sokrates:

- Wie ich den Richtern schon sagte, ist die Forschung für mich das größte Gut der Menschen.

Kriton:

- Das ist mir längst bekannt. Du bist ständig am Nachfragen. Im Leben ist man tatsächlich immer auf der Suche. Jedoch, du fragst nach Gott und der Welt. Was für eine Frage liegt dir jedoch am meisten am Herzen?

Sokrates:

- Wieso fragst du? Du kennst mich doch seit langem. Wenn du willst, bitte. Ich fasse mich kurz. Wie ich vor kurzem in meiner Verteidigung sagte, ist die Forschung das Wichtigste im Leben. Das heißt, dass man sich täglich über die Tugend oder die Werte und über die anderen Gegenstände unterhält und immer wieder die Ergebnisse prüft. Ein Leben ohne diese Forschung, die im Grunde eine Selbstforschung bedeutet, verdient gar nicht gelebt zu werden.

Kriton:

- Du meinst, dass jede Suche eine Selbstsuche ist, obwohl man meint, etwas Äußerliches zu suchen? Also: die Selbstsuche ist das Wichtigste im Leben.

Sokrates:

- So ist es. Und ich betone: nur so kann man zu sich selbst kommen, nur so kann man sich selbst entdecken.

Kriton:

- Das alles klingt ganz schön. Die Menschen jedoch davon zu überzeugen, ist sicher keine leichte Aufgabe.

Sokrates:

- Leicht ist es auch nicht, euch zu überzeugen, dass ich den Tod akzeptieren muss. Denk ein wenig nach: Jahrzehnte lang war ich bemüht, durch Gespräche und unentgeltliche Reden die Bürger Athens von der Vernunft und über ihre Vorteilen im Leben und im Staat zu überzeugen. Ist es so Kriton?

Kriton:

- Das ist ganz genau so. Dein Leben steht auch Zeuge dafür, dass deine Tätigkeit durch eine tiefe Menschenliebe getragen wurde.

Sokrates:

- Sie wurde aber missverstanden oder sogar belächelt. Die Bürger Athens haben meine Bemühungen durch den Schiedsspruch der Richter ganz anderes gedeutet. Sie akzeptierten die Anklage von Meletos, Anytos und Lykon, dass ich die Jugend verderbe und durch die Leugnung der Staatsgötter den Staat zum Zusammenbruch bringe, als begründet.

Kriton:

- Das weiß ich schon. Aber ich weiß auch, dass die Meinung des Volkes wie das Wetter ist. Heute so, morgen ganz anders.

Sokrates:

-Ich wollte nicht die Meinung der Menschen wechseln, sondern die Sicht, die Art wie man die Dinge und das Leben betrachtet. Was könnte meine Lehrtätigkeit noch unter diesen Umständen in den wenigen Jahren, die mir noch bleiben würden, erreichen?

Kriton:

- Schwer zu sagen. (*Pause*) Du musst aber auch an dich selbst denken. Dein ganzes Leben war unbestreitbar von einer großen Lebenslust begleitet. Diese Lust hat alle Widrigkeiten in deinem Leben überwunden. Sie muss auch heute vorhanden sein. Lass sie dich weiter leiten.

Sokrates:

- Lust zu Leben habe ich schon. Man braucht sie eigentlich immer. Sie kann das Leben schöner und lebenswerter machen. Jetzt sprechen wir jedoch über das Leben und nicht über die Lust. Trotzdem aus dem Gesagten und auch durch das Nachdenken ergibt sich eine enge Verbindung zwischen Lust und Leben. Die Lust erscheint auch wie das Leben unter verschiedenen Gesichtern. Nur diese hängen völlig von dem ab, was man unter Leben versteht.

Kriton:

- Das heißt, dass das Lebenskonzept primär, ganz wichtig für uns Menschen ist.

Sokrates:

- So ist es.

Kriton:

- Und was soll man unter Leben verstehen? Leben ist doch Leben, das, was ein Lebewesen erlebt.

Sokrates:

- Das ist es, nur es erscheint immer unter einer anderen Form. Und die Form kann, wie immer, irreführend sein.

Kriton:

- Was meinst du also mit dem Wort Leben?

Sokrates:

- Zuerst eine Klarstellung. Leben heißt für mich eine grundlegende Art des Seins. Uns interessiert jetzt das Leben des Menschen. Bei den Menschen kommt neben der Tatsache des Seins, d.h. im Leben zu sein, noch entscheidend das „Wie" dieses Leben gelebt und geführt wird, hinzu. Dieses „Wie" ist entscheidend, nicht nur für den Menschen als Mensch, nicht nur für das Leben in dieser Welt, sondern für das Ende des Lebens. Denn dieses „Wie des Lebens" gestaltet das, was sich jenseits des Todes befindet. Darum soll der Mensch nicht das einfache Überleben, sondern das gute Leben am höchsten achten.

Kriton:

- Was willst du damit sagen?

Sokrates:

- Einfach: das man so leben soll, dass das Gute und dadurch das gerechte und sittliche Leben als Ziel und höchster Wert geschätzt wird.

Kriton:

- Einfach ist das aber überhaupt nicht. Es ist sogar sehr schwierig, das Leben so zu gestalten. Diese Art von Leben mögen die Menschen eigentlich nicht führen.

Sokrates:

- Leider hast du Recht. Ich habe das sogar an meiner eigenen Haut erfahren. Jedoch, angenehm oder nicht, diese Art das Leben zu führen, ist die einzige, welche die bisher unlösbaren menschlichen Konflikte lösen kann. Und darüber hinaus ist diese Bewertung des Lebens für mich die einzig richtige; nur sie kommt für mich in Frage.

Kriton:

- Ich verstehe. Der Grund dafür ist deine Sturheit. Du denkst nur in deinem von dir gestellten Rahmen. In dieses Denken ziehst du nicht deine Freunde, nicht einmal deine arme Frau und deine Kinder mit ein. Denkst du nicht daran, dass alle diese Menschen dich brauchen? Du hast dir einen Lebensentwurf erstellt und ohne Rücksicht auf alle ziehst du ihn durch.

Sokrates:

- Die Gefühle sprechen durch deinen Mund. Du hast schon vergessen, dass du vorhin eingestanden hast, dass nur ein gerechtes und sittliches Leben erstrebenswert ist.

Kriton:

- Gerade weil ich das nicht vergessen habe, meine ich, dass du Verantwortung gegenüber deiner Familie, gegenüber uns und sogar gegenüber allen, die dich brauchen, übernehmen musst.

Sokrates:

- Dem sittlichen, verantwortungsvollen Leben habe ich mich verpflichtet. Manchmal kommt es vor, wie jetzt, dass ich ohne zu wollen in einen Konflikt zwischen verschiedenen Verpflichtungen gerate. Man muss sich dann entscheiden. Ich habe mich für die Gerechtigkeit entschieden und nicht für die Verantwortung gegenüber verschiedenen Personen. Auch wenn mir diese sehr nahe stehen.

Kriton:

- Und warum?

Sokrates:

- Weil die Gerechtigkeit sowohl für das Bestehen der Gesellschaft als auch für die menschliche Seele unerlässlich ist.

Kriton:

- Dass ohne Gerechtigkeit ein Staat keine Chancen hat, lange zu bestehen, ist mir klar. Beispiele sieht man rings herum. Aber wieso sie so wichtig für die Seele ist, das ist mir rätselhaft.

Sokrates:

- Die Gerechtigkeit steht in Bezug auf das Eigene des Menschen. Ist es so?

Kriton:

- Genau.

Sokrates:

- Das Eigene bezieht sich auf das, was mit einer Person eng verbunden ist, was ihr eigen ist. Und wie sieht dieses Eigene aus?

Kriton:

- Einmal sein Körper, natürlich. Dann alles was er besitzt.

Sokrates:

- Nur das?

Kriton:

- Auch seine Seele sicher.

Sokrates:

- In erster Linie steht die Seele, und alle ihre Äußerungen wie Denken, Gefühle, Sprache und so weiter, in unerlässlichem Bezug zum Ich. Nur durch sie kommt das Ich in Verbindung mit den äußeren Beziehungspunkten wie Körpern, Dingen, zu der sogenannten Welt. Gerecht zu sein bedeutet also, sich in gleicher Weise zu sich selbst und zu dem Anderen, zu verhalten. Mit anderen Worten; keinem der Zweien, also dem Ich und dem Bezügen, den Vorrang geben; kurz gefasst: Harmonie walten lassen.

Kriton:

- Du sprichst eine Sprache, die ich nicht verstehe; von dem Ich das nicht Seele ist, von den Äußerungen der Seele. Du hast bis jetzt noch nie davon gesprochen.

Sokrates:

- Diese Gedanken kamen mir als ich tief im Denken versunken war, hier in der Zelle. Schwer zu begreifen sind sie aber nicht. Das „Ich" bezieht sich auf das Auge der Seele, das die Seele selbst und alles aufnimmt. Jetzt aber möchte ich den Faden unseres Gesprächs weiter verfolgen.

Kriton:

- Wenn du meinst.

Sokrates:

- Gerechtigkeit ist ein Begriff, wie wir gesehen haben, der sich auf Handlungen bezieht. Handlungen gibt es in der äußeren Welt aber auch in der inneren Welt. Daraus folgt: gerecht zu sein, in den äußeren Handlungen mit den anderen Menschen, mit den Lebewesen, mit den Dingen. Das heißt: jedem das Seine geben. Das Seinige heißt aber auch das Innere des Menschen, die Seele. Auch dementsprechend gibt es Handlungen. Das bedeutet: den größten Teil der Kraft der Seele auf das „Ich" richten, denn das „Ich" ist das Wichtigste und das Wettvollste und nicht der Körper. Das heißt weiter, sich selbst erkennen.

Kriton:

- Wenn man die Gerechtigkeit so betrachtet, dann ist sie etwas außerordentlich Wichtiges.

Sokrates:

- Das ist sie auch. Dadurch ist die Gerechtigkeit die Krone der Kardinaltugenden, welche die anderen drei, die Besonnenheit, die Tapferkeit und die Weisheit in Übereinstimmung bringt, sie zusammen abwägt. Diese Bedeutung der Gerechtigkeit habe ich in meinem ganzen Leben den Menschen versucht, näher zu bringen. *(Pause)* Wäre es also gerecht und im Einklang mit mir selbst, mich den Gesetzen, welche die Handlungen der Menschen untereinander regeln, zu widersetzen und fortzugehen, obwohl diese Gesetze anders entschieden haben?

Kriton:

- Tatsächlich das wäre ungerecht.

112

Sokrates:

- So ist das Unrechttun dem, der es tut, in jeder Weise schädlich und schändlich, ob die Menschen das annehmen oder nicht.

Kriton:

- Richtig, mein Freund. Das ist die Sprache der Vernunft, die du sprichst. Nur, *(Pause)* hier kommt die Frage hoch: wie muss man sich verhalten, wenn die Gesetze selbst ungerecht sind?

Sokrates:

- Immer alles prüfen, Kriton. Die Gesetze beweisen sich selbst durch ihre langlebige Dauer. Sie haben das Wohl des Vaterlandes im Auge und nicht der Eltern oder aller anderer Vorfahren oder bestimmter Bürger, und sie sind heilig bei den Göttern und gepriesen von den Menschen, die Vernunft haben.

Kriton:

- Trotzdem gibt es Gesetze, wie jetzt in unserem Fall, die ungerecht sind.

Sokrates:

- Unrecht durch Gesetze erleiden, wie es mit mir geschah, geht nicht auf sie zurück, sondern auf die Menschen. Und die Zeit wird die Ungerechtigkeit dieser Menschen offen legen und diese ungerechten Menschen büßen lassen. Also ist nicht die Aufgabe der Unrechtleidenden Unrecht und Böses mit gleichem zu vergelten. Nur so, kann ich nach dem Tod mit Freude vor die Herrscher und vor ihre Gesetze treten.

Kriton:

- Gebe dir Zeus das, was du dir mit deinem Verhalten versprichst.

Vorhang

Bild 2

(Die Zelle wie im Bild 1. Am nächsten Morgen. An diesem Tag muss Sokrates den Giftbecher trinken, denn das Schiff von Delos kam am vergangenen Tag und die Todesurteile dürften vollstreckt werden. Die Elfmänner lösen dem Sokrates die Fesseln und verkünden ihm, dass er sterben muss. Sokrates sitzt entspannt und mit einem ruhigen Lächeln auf dem Bett. Daneben sitzt Xanthippe und hält ihr kleines Kind auf dem Arm. Als sie die Freunde eintreten sieht, fängt sie zu weinen an)

Die Elfmänner:

- Sokrates! Das Schiff von Delos kam gestern. Heute wird der Schiedsspruch der Richter vorstreckt. Mach dich bereit. *(sie verlassen die Zelle)*

(Die Freunde treten ein, bleiben um das Bett von Sokrates stehen und schauen auf die weinende Xanthippe, auf die Kinder und erstaunt auf den entspannten und fröhlich aussehenden Sokrates)

Xanthippe: (*weinend*)

- O Sokrates, nun reden deine Freunde zum letzten Mal mit dir und du zu ihnen. *(unter Schluchzen)* Und wir, deine liebe Frau und deine lieben Kinder, werden dich von nun an nicht mehr sehen. Warum denn? Du stirbst doch als Unschuldiger. Warum? Warum?! (*weint bitterlich*)

Sokrates:

- Beruhige dich. Diesen Schritt müssen wir alle Menschen einmal gehen. Und was die Unschuld betrifft: sollte ich vielleicht als Schuldiger sterben?

Xanthippe:

- Es ist jetzt überhaupt nicht der Ort und die Zeit Späße zu machen. Du musst immer anderes als die anderen sein. Das hat dich und uns in dieses Leiden gestürzt. *(sie beginnt noch leidvoller zu weinen)*

Sokrates:

- O Kriton. Lass sie doch jemanden nach Hause führen. Und noch eine Bitte: kümmert euch manchmal um sie und um die Kinder.

Alle:

- Bei Zeus. Das ist doch selbstverständlich.

(inzwischen führen einige Leute von Kriton die weinende und sich an die Brust schlagende Xanthippe und die Kinder heraus)

Kebes:

- Was für ein Herz musst du doch haben, um das alles ertragen zu können. *(Pause)* Das finde ich nicht schön.

Sokrates: *(ein wenig enttäuscht)*

- Das habe ich Kriton gestern schon erklärt. Ich hoffe, ihr seid nicht in so großer Zahl gekommen, um meine Entscheidung zu ändern. Wenn es so ist, kehrt am besten gleich um.

Kriton und dann alle:

- Bitte verzeihe! Das ist weit davon entfernt. Wir wollten doch nur zusammen deine letzten Augenblicke verbringen.

Sokrates:

- Das beruhigt mich. Ich danke euch. Leicht ist es mir auch nicht diese letzten Schritte im Leben zu machen, denn trotz allem habe ich noch einen Leib und ein Herz. Euer Mitempfinden empfinde ich als wohltuend. Das macht mir auch die jetzige Lage bewusster. Bewusst erleben, das ist das wichtigste im Leben. Das wollen wir doch. Oder?

Alle:

- Das auch.

Sokrates:

- Aber was meint ihr: was ist das Wichtigste im Leben?

Alle:

- Wir möchten endlich das Leben selbst verstehen. Dein langes Nachforschen und deine letzten jetzt vor dem Tod gewonnenen Erkenntnisse können uns erklären, was dieses rätselhafte Leben ist.

Sokrates:

- Ihr überschätzt mich. Was dieses Leben ist, bleibt auch für mich ein Geheimnis. Trotzdem konnte ich einige Schleier lüften. Durch Nachdenken und Versenkung in mich selbst. Ich habe nämlich erkannt, dass der größte Feind des Menschen, der Tod, etwas ganz Anderes sein kann. Er ist im Grunde unser Begleiter, der uns das Leben annehmbarer machen kann und als solcher ein Freund wird. Wenn man sich ihm anvertraut, wird er sogar der Toröffner zu der Welt des Verstehens und der Unbegrenztheit. Bringt euch dieser Gedanke nicht eine Befreiung?

Alle:

- Sogar eine große Befreiung. Denn worum dreht sich alles in unserer gelebten Zeit wenn nicht um das Leben und um seinen ständigen Begleiter, den Tod?

Sokrates:

- Und jede Erhellung eines dieser zwei wirft Licht auf das andere und umgekehrt.

Phaidon:

- Jetzt verstehe ich, warum du trotz deines Bekenntnisses zu der traurigen Lage glücklich erscheinst und furchtlos und beherzt in den Tod gehst.

Alle andere:

- Deine Gelassenheit wundert uns und wir würden froh sein, zu erfahren, wie es möglich ist keine Angst vor dem Tod zu haben. Ja sogar froh zu sein, den Sprung ins Jenseits zu machen.

Sokrates:

- Lasst uns aber einmal erwägen, ob der Tod nicht etwas Gutes ist. Denn eines von beiden ist das Todsein. Entweder wie nichts sein, keine Empfindung zu haben, oder eine Versetzung, ein Umzug der Seele von hier in eine andere Dimension.

Alle:

- Du hast Recht, so ist es.

Sokrates:

- Also, wenn es ein Nichtsein wäre, dann könntet ihr es euch als einen Tiefschlaf vorstellen, in dem alle Bedürfnisse, Ängste und Schmerzen verschwunden sind. Wenn es ein Umzug ist, dann ist der Tod eine Befreiung von dem Körper, also von den Ketten, die uns von der Wahrheit fern halten.

Simmias:

- Wenn der Tod eine Befreiung und ein Gewinn auf der Suche nach der Wahrheit ist, dann müsste er tatsächlich eine Verlockung für den Menschen sein, der sich nach der Wahrheit sehnt, das heißt für den Philosophen. Mir sind aber solche Philosophen nicht bekannt. Der einzige bist vielleicht du, Sokrates.

Kebes:

- Und darüber hinaus erweckt deine Ansicht über die Seele bei den Menschen Zweifel; denn sie befürchten, dass die Seele gleich nach ihrer Trennung vom Körper verschwindet und dass sie zugrunde geht, sich wie der Rauch verflüchtigt und nichts und nirgends mehr ist.

Sokrates:

- Versuchen wir einmal nachzudenken, was in uns vorgeht, wenn wir uns mit all den Menschen und den Dingen beschäftigen. Ist es nicht so, dass einem dieselben Sachen, z.B. dieselben Steine oder Hölzer manchmal gleich ein anderes Mal ganz anders erscheinen? Oder einem selbst so und anderen ganz anders?

Alle:

- Gewiss.

Sokrates:

- Woher kommt jedoch das „Gleiche an sich"? Ist es, wie ein Stück Stein oder Holz zu sehen? Um dieses Gleiche dreht sich doch die ganze Betrachtung. Nichtwahr?

Alle:

- Genau.

Sokrates:

- Also ist dieses „Gleiche an sich" dasselbe wie die gleichen Dinge?

Alle:

- Durchaus nicht.

Sokrates:

- Trotzdem nur dadurch bekommen wir ein Wissen von diesen Dingen.

Kebes:

- Merkwürdig.

Sokrates:

- Wenn wir weiter darüber nachdenken, kommen wir zu dem Ergebnis, dass es auch derselbe Fall bei dem Kleineren und Größeren an sich ist. Das heißt bei dem Schönen, Guten, Gerechten an sich und so weiter. Die Frage ist also: woher kommen diese Einordnungswörter, oder wie sollen wir sie nennen?

Simmias:

- Es sieht so aus, als hätten wir sie schon bei der Geburt.

Sokrates:

- Wenn das wirklich so ist, Simmias, dass wir unsere gesamten sinnlichen Wahrnehmungen auf das Schöne und das Gute und auf all diese Wesenheiten beziehen, weil diese Wesenheiten, wie wir herausgefunden haben, schon vorher in uns bestanden haben, dann müssen sie doch irgendwo vor unserer Geburt sein, wo unsere Seele, gleich wie die Wesenheiten schon war.

Simmias:

- Das scheint mir notwendig zu sein, mein Sokrates. Wir bewahren diese Wesenheiten in uns und sie werden uns in diesem Leben durch Erinnerungen bewusst.

Sokrates:

- So wie die Wesenheiten war also auch die Seele in diesem übersinnlichen Bereich präsent.

Simmias:

- So würde das Denken folgen.

Kebes:

- Einverstanden. Jedoch das ist noch kein Beweis, dass die Seele nach dem Tod noch existiert. Du musst uns also nachweisen, dass die Seele nach dem Tode nicht zugrunde geht.

Sokrates:

- Ihr macht es euch aber leicht, mich zu fragen. Ihr seid doch auch imstande diesen Nachweis zu finden. Setzt euch mit dem Denken auseinander.

Kebes, Simmias:

- Du hast Recht. Wir freuen uns aber immer wieder dich zu hören, so lange es noch möglich ist. Deine Begründungen treffen immer das Ziel.

Sokrates:

- Einverstanden. Also denkt nach: Wir nehmen zwei Arten von Dingen an, den sichtbaren und den nichtsichtbaren Teil.

Kebes, Simmias:

- Genau. Häuser, Menschen, Bäume und so weiter und die Wesenheiten, das Denken selbst, die Seelen.

Sokrates:

- Das Unsichtbare bleibt sich immer gleich, das Sichtbare ändert sich ständig. Ist es so?

Kebes, Simmias:

- Auch das ist wahr.

Sokrates:

- In Bezug auf den Menschen was können wir als unsichtbar und als sichtbar bezeichnen?

Kebes, Simmias:

- Der Körper ist sichtbar und die Vernunft, die Seele, unsichtbar.

Sokrates:

- Das Sichtbare, stellen wir immer fest, ist Veränderlich. Es hat einen Anfang und ein Ende. Das Unsichtbare ist im Gegenteil unveränderlich, man könnte sagen, unsterblich.

Kebes:

- Ja. Das leuchtet mir ein.

Sokrates:

- Und wer unterrichtet mich darüber?

Simmias:

- Das Nachdenken, besser gesagt das vernünftige Denken.

Sokrates:

- Das Nachdenken zeigt uns, dass die Verbindung der Seele mit dem Körper große gegenseitige Beeinflussungen mit sich bringt. So kann z.B. der Körper die Oberhand gewinnen und die Seele in den Dienst des Körpers stellen.

Alle:

- Ja, tatsächlich ist es so, wenn man nachdenkt.

Sokrates:

- Und die Folgen? Die fundamentalen Wesenheiten wie Unsterblichkeit, Unbegrenztheit, Einheit werden auf die Körperlichkeit übertragen und dort gesucht. Der Mensch wird ichbezogen, macht- und besitzbesessen, Sklave des Materiellen. Er glaubt es gebe keine andere Wahrheit als das Körperliche. Ist es so?

Alle:

- Genauso.

Sokrates:

- Was für Folgen hat das? Nach dem Tod kann sich die Seele nicht von dieser Herrschaft befreien und bleibt der Erde verbunden. Wenn sie im Leben aber vom Körper Abstand genommen hat und nichts mehr von ihm mit sich schleppt, das heißt indem sie sich um die Wahrheit bemühte, dann bereitet sie sich vor für den

Sprung ins Jenseits. Die Seele gelangt gewiss zu dem, was ihr ähnlich ist, dem Unsichtbaren, dem Göttlichen und Unsterblichen.

Alle:

- Und wenn sie dorthin gelangt, darf sie sicher glücklich sein, frei von Irrtum und von Unvernunft, von Ängsten und allen menschlichen Übeln.

Sokrates:

- Darum, meine Freunde, enthalten sich die echten Philosophen der körperlichen Begierden. Denn sie kümmern sich um ihre Seele, sie wissen, wohin sie nach dem Tode gehen wollen. Darum leben sie nicht als Sklaven ihres Körpers.

Kebes:

- Was muss man tun, um ein echter Philosoph zu werden?

Sokrates:

- Einmal, wie ich schon sagte, sich von den Fesseln der Begierde befreien. Zweitens lernbegierig sein.

Alle:

- Was willst du damit sagen?

Sokrates:

- Sich die Erkenntnis als Ziel im Leben setzen. So wird man lernbegierig. Die Philosophie übernimmt die Seele zur Erziehung. Denn die Seele ist vorher völlig an den Körper gebunden und fest in ihn eingefügt. Die Seele ist nämlich gezwungen, durch den Körper, wie durch einen Käfig hindurch, die Wirklichkeit zu betrachten und nicht durch sich selbst. Dadurch werden die Fesseln noch enger.

Kebes:

- Du willst also sagen, dass die Philosophie der Seele klar macht, dass die Wahrnehmung durch die Augen, Ohren und durch andere Sinnesorgane voller Täuschung ist. Das Denken ermahnt die Seele, sie möge sich auf sich selbst zurückziehen und sich sammeln und nichts anderem Glauben schenken als sich selbst.

Sokrates:

- Genau, denn durch die Gefangennahme der Seele durch den Körper glaubt der Mensch zwangsläufig, dass sobald er sich über etwas heftig freut oder ärgert, das, was diese Empfindung am meisten auslöst, etwas durchaus Wirkliches und Wahres sei. Der Mensch verwechselt somit die sichtbaren Dinge, die voller Täuschungen sind, mit dem Wirklichem und dem Wahren. Lust und Leid werden dadurch zu Nägeln, welche die Seele an dem Körper annageln oder zum Kriterium der Wahrheit, wie die Weisen aus dem Morgenland behaupten.

Kebes:

- Sehr nachvollziehbar ist das alles, Sokrates.

Sokrates:

- Die Lernbegierigen brauchen jedoch noch etwas ganz Wichtiges. Nämlich sie müssen zuchtvoll und tapfer sein, denn sie befinden sich ständig im Kampf mit den Begierden und mit falschen Bewertungen, die die Seele für immer in ihren Besitz nehmen wollen.

Alle:

- Eine schwere Aufgabe stellst du uns Sokrates. Aber tatsächlich ist ihre Erfüllung die einzige Möglichkeit die Angst vor dem Tod verschwinden zu lassen und die Tore zum Reich der Wahrheit, zum Göttlichen zu öffnen.

Sokrates:

- Darüber hinaus muss man das Leben auch richtig bewerten, um dem Leben gerecht zu werden. Nur so kann man auch richtig das Leben genießen und nicht in unlösbare Konflikte stürzen.

Kebes:

- Was meinst du mit: Das Leben richtig bewerten?

Sokrates:

- Immer wieder klar zu unterscheiden zwischen den zwei Dimensionen; zwischen der Welt der Begrenztheit und der der Unbegrenztheit.

Simmias:

- Du meinst zwischen der Welt der Sinne und der Welt der Begriffe?

Sokrates:

- Genau.

Simmias, Kebes:

- Und wie soll sich das vollziehen?

Sokrates:

- Erstens: Jede Welt stützt sich und wird auf einem Grundbegriff aufgebaut. Die sinnliche Welt auf „Begrenztheit" und die geistige Welt auf „Unbegrenztheit":

Alle:

- Es ist schwer zu verstehen, was du mit „Aufbauen" meinst. Die sinnliche Welt ist doch von den Göttern oder, wenn du willst, von den Grundelementen, also von Wasser, Feuer, Luft und Erde geschaffen. Du hast immer wieder von diesem „Aufbauen" gesprochen, aber klar war uns doch nie, was du damit sagen wolltest. Vielleicht ist es dir jetzt noch möglich, es uns verständlich zu machen.

Sokrates:

- Fragen, fragen, fragen, habe ich ständig gefordert. Und jetzt zum Schluss sehe ich, dass Schlusssteine meines Denkgebäudes im Dunkeln geblieben sind. Das passt überhaupt nicht mit der Forderung des wahrhaftigen Nachdenkens zusammen. Das nur so beiläufig.

Alle:

- Du siehst also selbst, wie unentbehrlich du für uns bist. Das Schicksal aber nimmt unweigerlich seinen Lauf. Wir bitten dich doch, nun Klarheit in diese Frage zu bringen.

Sokrates:

- Passt auf! Kurz gesagt: Erstens. Versucht nicht in der sinnlichen Welt die Dinge, die Sachen und die Lebewesen unter dem Gesichtspunkt der Ewigkeit und Unbegrenztheit zu betrachten und zu bewerten, denn sie haben mit der Unbegrenztheit und Ewigkeit nichts im Geringsten zu tun. Wenn ihr das macht, werdet ihr immer einem Gespenst nachjagen und unlösbare Konflikte und ständiges Leid verursachen. Zweitens: Ewigkeit und Unbegrenztheit sind nur im Geist zuhause. Drittens: Das Wesen einer Sache ist nur in ihrem Begriff zu finden. Viertens: Alles was ist, befindet sich im Geist; die Vorstellungen, aus der Welt der Begrenztheit, wie auch die, die der Welt der Unbegrenztheit. Immer Beobachten, Unterscheiden und der Unterscheidung nachgehen!

Simmias:

- Du sprichst hier nur vom Geist; kein Wort über Gott und die Götter.

Sokrates:

- Ich bin auf den Spuren vom Nous des Anaxagoras weitergegangen und auf meiner denkerischen Wanderschaft dem Wort der Weisen aus dem Morgenland begegnet, die den Geist in uns mit dem Geist außer uns, das heißt mit Gott, als gleich angesehen haben. Diese Auffassung halte ich für richtig. Sie bewertet im höchsten Grad das Leben, macht es schöpferisch und lebenswert und aus dem feindlichen Tod Freund und Lehrer. Sie gibt dem Menschen Mut in diesem Leben für die Verschönerung der Welt einzutreten und gibt der Seele eine feste Grundlage für den Sprung ins Jenseits.

Alle:

- Schön hast du gesprochen, Sokrates. Aber ist das alles sicher?

Sokrates:

- Sicher? Das ist die allergrößte Frage. Sicher nicht, jedoch aus allen Möglichkeiten die schönste. Sicher wissen, sage ich auch, wie man üblich redet, nur die Götter. Oder *(kurze Pause)*, vielleicht nicht einmal sie?

(eine längere Pause)

Sokrates:

- Nun, ihr, Simmias und Kebes und ihr alle, jeder von euch, werdet mir später nachfolgen. Meine Zeit ist gekommen. Ich muss mich ins Bad begeben, denn ich ziehe vor, zuerst zu baden und dann erst das Gift zu trinken, um den Frauen die Mühe zu ersparen, meinen Leichnam zu waschen.

(Sokrates geht kurz ins Bad. Die Freunde bleiben stumm und bedrückt bis er zurückkommt)

Kriton: *(zu Sokrates)*

- Schwer, sehr schwer ist dieser Augenblick für uns. Du, folge nun dem von dir festgelegten Schicksal! *(kurze Pause)* Hast du jedoch noch irgendeinen Auftrag für diese Freunde, für mich oder für deine Frau und deine Kinder, oder sonst eine Sache, mit der wir dir noch einen Gefallen tun können?

Sokrates:

- Einzig das, was ich schon immer sagte: wenn ihr euch in meinem Sinne um eure Seele sorgt, dann helft ihr euch selbst, den anderen Menschen und tut mir einen großen Gefallen. Damit meine ich, Gutes tun, dem Inneren nachfolgen. Wenn ihr euch aber vernachlässigt und dieses Innere, ich meine das Ich, vergesst, dann werdet ihr nichts erreichen in diesem Leben und auch nichts über das Leben hinaus, auch wenn ihr es mir jetzt noch so eifrig versprecht.

(der Diener der Elfmänner kommt herein)

Der Diener:

- Ich habe dich in dieser Zeit als den besten und edelsten von all den Männern kennengelernt, die hierhergekommen sind. Du weißt wohl, was ich dir verkünden muss. Versuche das Unvermeidliche so leicht als möglich zu tragen. *(er geht weinend heraus)*

Sokrates: *(zu den Freunden)*

- Wie voller Mitgefühl ist dieser Mann. Die ganze Zeit kam er zu mir und unterhielt sich mit mir. Und jetzt weint er um mich. *(Pause)* Nun, mache ich, was noch zu tun ist. Es bringe einer von euch das Gift.

Kriton:

- Die Sonne ist noch nicht untergegangen. Es ist noch Zeit. Ich weiß, dass die meisten Menschen gegessen und getrunken haben und noch lange zusammen mit denen die ihnen nahe standen geblieben sind.

Sokrates:

- Mein lieber Kriton, diese Menschen glaubten, dass sie dadurch noch etwas gewonnen hätten. Ich würde mich vor mir nur lächerlich machen, wenn ich so am Leben hängen würde, wo doch nichts mehr ist. Kriton, geh und sag dem Mann, dass er den Becher mit dem Gift bringen soll.

(Kriton geht heraus und kommt mit dem Mann, der das Gift bringt, zurück)

Sokrates: *(zum Mann mit dem Giftbecher)*

- Was soll ich nun tun?

Der Mann:

- Nachdem du getrunken hast, läufst du ein wenig hin und her, bis deine Glieder schwer werden. Danach legst du dich hin und alles wird von selbst wirken.

(Sokrates nimmt den Becher ganz gelassen und trinkt ihn heiter aus.)

Sokrates:

- Die letzten Schritte meines Lebens setzen sich jetzt in Gange. Meine Gedanken müssen sich fest auf das Ziel: das Reich des Unbegrenzten richten. Darum noch ein Gebet an die Götter.

(kurze Pause. Sokrates Glieder werden schwer. Er legt sich aufs Bett. Die Freunde beginnen zu weinen und Apollodoros sogar zu schreien und zu jammern.)

Sokrates:

- Was ist mit euch, meine wertvollen Freunde? Ich habe doch die Frau und die Kinder weggeschickt nicht zuletzt deshalb, damit sie sich nicht so unbeherrscht verhalten. Denn diese letzten Schritte soll man unter andächtigem Schweigen durchführen. So beherrscht euch und seid bitte ruhig!

(der Mann geht zum Bett des Sokrates fühlt ihm die Füße, die Unterschenkel, dann immer mehr nach oben und fragt, ob er etwas spüre. Gleichzeitig zeigt er den Freunden bis wohin die Lähmung gekommen ist. Als er mit seinem Tasten zu Sokrates Unterleib kommt, deckt sich Sokrates auf und sagt:)

Sokrates:

- Kriton! Ich schulde dem Heilgott Asklepios einen Hahn. Er hat mich von allen Übeln dieser Welt befreit. Entrichte ihn und versäume es nicht.

(ein Zucken und sein Körper liegt starr auf dem Bett. Kriton schließt ihm den Mund und die Augen)

Vorhang

Hermann von Bertrab

Warum Religion?

Botschaft und Bedeutung der großen Religionen

Beiträge zur Religion in Geschichte und Gegenwart,
Bd. 2, 2012, 390 S.,
ISBN 978-3-86226-060-7, € 24,80

Wie wir alle wissen, sollte man zwei Themen unbedingt vermeiden, wenn man ein harmonisches Beisammensein unter Freunden genießen will: Politik und Religion.

In gewissem Sinne verstößt das vorliegende Werk gegen diesen weisen Rat, weil es nämlich genau davon handelt, von Religion und Politik, oder besser gesagt, von den Beziehungen, die es zwischen Religion und Gesellschaft gibt.

Religion war immer ein wichtiger Teil des gesellschaftlichen Ganzen, genau so, wie sie jeweils die Selbstwahrnehmung der Gesellschaft mitbestimmt hat: mehr noch, häufig hat sie sogar die beherrschenden Prinzipien selbst definiert. Der Fortschritt in Gesellschaft und Wissenschaft nahm indessen einen autonomen und vom religiösen Denken unabhängigen Verlauf. Trotzdem haben sich nach wie vor religiöse Ausdrucksformen in der Welt erhalten, teils in Form ritueller und moralischer Prinzipien, teils als reine Nostalgie.

Das vorliegende Buch hat nun das ehrgeizige Ziel, die Beziehungen zwischen Religion und Gesellschaft über die Jahrhunderte hinweg zu analysieren.

Centaurus Buchtipps

Erich Fromm
Aggression
Warum ist der Mensch destruktiv?
Centaurus Paper Apps, Bd. 22, 2012, 50 S.,
ISBN 978-3-86226-175-8, **€ 5,80**

Bernd Oei
Eros und Thanatos
Philosophie und Melancholie in Arthur Schnitzlers Werk
Reihe Sprach- und Literaturwissenschaft, Bd. 42, 2012, ca. 200 S.,
ISBN 978-3-86226-214-4, **€ 19,80**

Georg W. Forcht
Frank Wedekind und die Volksstücktradition
Basis und Nachhaltigkeit seines Werkes
Reihe Sprach- und Literaturwissenschaft, Bd. 41, 2012, 180 S.,
ISBN 978-3-86226-154-3, **€ 24,80**

Katrin Schrenker
Dichtung und Wahn
Zur Psychopathologie in Georg Büchners „Lenz"
Reihe Sprach- und Literaturwissenschaft, Bd. 44, 2012, 160 S.,
ISBN 978-3-86226-036-2, **€ 18,90**

Joaquim Braga
Die symbolische Prägnanz des Bildes
Zu einer Kritik des Bildbegriffs nach der Philosophie Ernst Cassirers
Reihe Philosophie, Bd. 39, 2012, 220 S.,
ISBN 978-386226-136-9, **€ 25,80**

VHS Lörrach/VHS Weil
TAMphilo
Sternstunden aus 10 Jahren philosophischer Erwachsenenbildung
Reihe Philosophie, Bd. 36, 2011, 184 S., geb.,
ISBN 978-386226-015-7, **€ 19,80**

Tryphon Papas
drüben gelassen
Literatur in der Diskussion, Bd. 6, 2010, 150 S., geb.,
ISBN 978-3-86226-002-7, **€ 15,00**

Hellmuth Kiowsy
Skythen – Alanen – Sarmaten
Drei untergegangene Völker
Reihe Geschichtswissenschaft, Bd.58, 2010, 160 S.,
ISBN 978-3-86226-021-8, **€ 17,90**

Informationen und weitere Titel unter **www.centaurus-verlag.de**

Printed in the United States
By Bookmasters